ADMINISTRAÇÃO EM PERSPECTIVA
TEORIAS E TRANSFORMAÇÕES

Editora Appris Ltda.
1.ª Edição - Copyright© 2024 dos autores
Direitos de Edição Reservados à Editora Appris Ltda.

Nenhuma parte desta obra poderá ser utilizada indevidamente, sem estar de acordo com a Lei nº 9.610/98. Se incorreções forem encontradas, serão de exclusiva responsabilidade de seus organizadores. Foi realizado o Depósito Legal na Fundação Biblioteca Nacional, de acordo com as Leis nos 10.994, de 14/12/2004, e 12.192, de 14/01/2010.

Catalogação na Fonte
Elaborado por: Dayanne Leal Souza
Bibliotecária CRB 9/2162

A238a 2024	Administração em perspectiva: teorias e transformações / Cláudio Roberto Meira de Oliveira e Antônio Ribeiro Bomfim (orgs.). – 1. ed. – Curitiba: Appris, 2024.
	159 p. : il. ; 23 cm. (Coleção Ciências Sociais).
	Vários autores. Inclui referências. ISBN 978-65-250-6264-8
	1. Administração de empresas. 2. Alocação de recursos. 3. Inovação. I. Oliveira, Cláudio Roberto Meira de. II. Bomfim, Antônio Ribeiro. III. Título. IV. Série.
	CDD – 338.7

Livro de acordo com a normalização técnica da ABNT

Appris editora

Editora e Livraria Appris Ltda.
Av. Manoel Ribas, 2265 – Mercês
Curitiba/PR – CEP: 80810-002
Tel. (41) 3156 - 4731
www.editoraappris.com.br

Printed in Brazil
Impresso no Brasil

Cláudio Roberto Meira de Oliveira
Antônio Ribeiro Bomfim
(org.)

ADMINISTRAÇÃO EM PERSPECTIVA
TEORIAS E TRANSFORMAÇÕES

Appris
editora

Curitiba, PR

2024

FICHA TÉCNICA

EDITORIAL Augusto Coelho
Sara C. de Andrade Coelho

COMITÊ EDITORIAL Ana El Achkar (UNIVERSO/RJ)
Andréa Barbosa Gouveia (UFPR)
Conrado Moreira Mendes (PUC-MG)
Eliete Correia dos Santos (UEPB)
Fabiano Santos (UERJ/IESP)
Francinete Fernandes de Sousa (UEPB)
Francisco Carlos Duarte (PUCPR)
Francisco de Assis (Fiam-Faam, SP, Brasil)
Jacques de Lima Ferreira (UP)
Juliana Reichert Assunção Tonelli (UEL)
Maria Aparecida Barbosa (USP)
Maria Helena Zamora (PUC-Rio)
Maria Margarida de Andrade (Umack)
Marilda Aparecida Behrens (PUCPR)
Marli Caetano
Roque Ismael da Costa Güllich (UFFS)
Toni Reis (UFPR)
Valdomiro de Oliveira (UFPR)
Valério Brusamolin (IFPR)

SUPERVISOR DA PRODUÇÃO Renata Cristina Lopes Miccelli

PRODUÇÃO EDITORIAL Adrielli de Almeida

REVISÃO Isabela do Vale Poncio

DIAGRAMAÇÃO Amélia Lopes

CAPA Mateus Porfírio

REVISÃO DE PROVA Bruna Santos

COMITÊ CIENTÍFICO DA COLEÇÃO CIÊNCIAS SOCIAIS

DIREÇÃO CIENTÍFICA Fabiano Santos (UERJ-IESP)

CONSULTORES

Alícia Ferreira Gonçalves (UFPB)
Artur Perrusi (UFPB)
Carlos Xavier de Azevedo Netto (UFPB)
Charles Pessanha (UFRJ)
Flávio Munhoz Sofiati (UFG)
Elisandro Pires Frigo (UFPR-Palotina)
Gabriel Augusto Miranda Setti (UnB)
Helcimara de Souza Telles (UFMG)
Iraneide Soares da Silva (UFC-UFPI)
João Feres Junior (Uerj)

Jordão Horta Nunes (UFG)
José Henrique Artigas de Godoy (UFPB)
Josilene Pinheiro Mariz (UFCG)
Leticia Andrade (UEMS)
Luiz Gonzaga Teixeira (USP)
Marcelo Almeida Peloggio (UFC)
Maurício Novaes Souza (IF Sudeste-MG)
Michelle Sato Frigo (UFPR-Palotina)
Revalino Freitas (UFG)
Simone Wolff (UEL)

A Deus, pela vida, ânimo e destreza para contornar as adversidades e por inspiração para realização desta publicação.

Cabe destacar que a presente obra foi fruto de inúmeras contribuições, debates e experiências de vivências práticas, análises teóricas, sobretudo no campo da pesquisa, da docência, da participação em eventos, da submissão de projetos em editais de extensão e editais de pesquisa, junto ao serviço de apoio as empresas, universidades e institutos de pesquisa e educação e visita às inúmeras empresas de diferentes setores na região de Guanambi.

As mudanças tecnológicas observadas a cada dia nos impõem desafios constantes e crescentes para a conquista e manutenção do emprego e, ao mesmo tempo, impulsiona os negócios corporativos e operações logísticas além das observações e a aplicação dos conceitos do ESG, que reúne as políticas de meio ambiente, responsabilidade social e governança, será e está cada vez mais sendo cobrado das empresas. Mas este termo não se restringe às corporações, pois envolve pessoas e meio ambiente.

Para não cometer injustiças, não citaremos de forma nominal os profissionais que fizeram e fazem parte deste grandioso time que busca a promoção, aplicação e o desenvolvimento das boas práticas corporativas em instituições públicas e privadas cujos esforços partem de seus esforços incessantes de um time multidisciplinar com muitas pessoas em campos diversos e relacionados, que buscam sempre beneficiar a comunidade e levar o aprimoramento e conhecimento da Administração as organizações.

Dedicamos também às nossas famílias, amigos e colegas da UNEB e IFBaiano, instituições públicas e privadas do setor, entidades e associações que nos recebem e participam das atividades formativas, e todas aquelas que tiveram de uma forma ou outras inestimáveis contribuições na formatação dos trabalhos que desenvolvemos nesta obra.

Os organizadores

APRESENTAÇÃO

Prezado(a) leitor(a),

Não poderíamos deixar de prestigiar a área que tem por símbolo a logística, a organização, controle, direção, gerenciamento, governança, manejo, gestão sustentável, marketing, finanças, estratégia nas organizações, contabilidade e estudos organizacionais, tecnologia e informação, gestão de pessoas e relações de trabalho e as leis que as regem, além de uma série de outras atuações que a organização e a disciplina combinadas com a excelência humana conseguem transformar o mais simples dos negócios em um império.

Nesse sentido, muitos dizem que o desenvolvimento vem de ações e tomadas de decisão de forma a subdividir as tarefas na busca pelo melhor de nós. Assim, se delinearmos nosso pensamento na direção do entendimento que a administração traz a excelência do mundo desde que passamos do plantio de subsistência passando pela economia de troca até a evolução dos dias atuais e revolução 4.0.

Por fim, procuramos ao publicar este material auxiliar na conexão da moderna Administração de Empresas com as transformações que ocorrem no mundo alinhado à realidade local e a suas implicações frente às constantes transformações que as organizações passaram, estão passando e pensar naquelas que estão por vir, de modo a dialogar e propagar conhecimento em um mundo que está em constante transformação.

Nossos agradecimentos a todos que contribuíram com esta obra e a Universidade do Estado da Bahia – *Campus* XII, localizada na cidade de Guanambi, BA.

Boa Leitura!

Professores Cláudio Meira e Antônio Ribeiro

PREFÁCIO

A presente obra apresenta aos estudantes e professores o processo valioso referente à área de administração, com temas atuais e diversificados para as Ciências Sociais.

Os textos, em sua grande maioria com ilustrações pensadas para facilitar a leitura e a compreensão dos temas abordados em cada capítulo, servirão para a aquisição dos conhecimentos aqui contidos.

Nesta obra, composta de diferentes capítulos com ideias originais, procuramos transformar e inovar nossos pensamentos sobre gestão, importante modo de ação para a geração de ideias e conceitos para o futuro administrador.

Nas páginas que compõem o livro, você encontrará novas ideias e exemplos de deliberações jurídicas relacionadas à legitimidade estatal, ainda encontrará temas voltados à sociedade pós-industrial, passando por diferentes modelos de liderança.

Encontraremos ainda no livro, questões relacionadas à oferta de bolsas e financiamento estudantil, as motivações e fatores que influenciam as compras nos marketplaces, os efeitos da pandemia da Covid-19, e o uso de aplicativos, além dos princípios e métodos para utilização de ferramentas para mensurar a satisfação dos clientes.

Os temas aqui abordados de forma cuidadosa e envolvente podem tanto ser utilizados dentro das organizações quanto para a formação pessoal de estudantes, docentes, profissionais e pessoas apaixonadas pela temática.

Assim, cada capítulo apresenta um estudo relacionado a um tema das Ciências Sociais. Esses estudos retratam situações reais, nos apresentando um panorama dos principais temas da *administração contemporânea e suas perspectivas* frente às teorias e transformações para a adequada tomada de decisões, funcionamento e geração de resultados.

Prof. Cláudio Meira

Professor da UNEB/ IFBaiano

SUMÁRIO

INTRODUÇÃO..13

A LEGITIMIDADE ESTATAL: CONCEPÇÕES CLÁSSICAS
SOBRE O ESTADO, SEU PODER E FUNÇÃO....................15
João Hélio Reale da Cruz

TESSITURAS SOBRE A GESTÃO E A CRIATIVIDADE
NA SOCIEDADE PÓS-INDUSTRIAL................................33
Adller Moreira Chaves

ESTILOS DE LIDERANÇA UM ESTUDO COMPARATIVO
DOS MODELOS APLICADOS ÀS BORRACHARIAS..........45
Jane Kelly N. P. Guimarães & Fabrício Lopes Rodrigues[1]

REFLEXOS DA OFERTA DE BOLSAS DE MONITORIA
DE ENSINO, PESQUISA E EXTENSÃO PARA O CURSO
DE ADMINISTRAÇÃO DA UNEB CAMPUS XII
NA PERSPECTIVA DA PERMANÊNCIA ESTUDANTIL.........71
Nathália Carey Pimentel da Silva & José Brilhante de Sousa Neto

MOTIVAÇÕES E FATORES QUE INFLUENCIAM AS COMPRAS NOS
MARKETPLACES PELOS DISCENTES DE ADMINISTRAÇÃO DO
CAMPUS XII DA UNEB..91
Márcia Xavier Cardoso, Cláudio Roberto Meira de Oliveira, Antônio Ribeiro Bomfim
& Rogério Santos Marques

MARKETING DE INFLUÊNCIA E O EMPREENDEDORISMO FEMININO
NEGRO NA CIDADE DE IPIAÚ-BAHIA............................105
Iara de Oliveira e Oliveira, Andressa de Sousa Santos Ferreira & Inamara Joice dos Santos

IMPACTOS DA PANDEMIA COVID-19: USO DE APLICATIVOS
DE DELIVERY E INCLUSÃO DIGITAL NAS EMPRESAS
DA CIDADE DE IRECÊ - BAHIA....................................119
Cristiano Silva Santos, Camilla dos Santos Carvalho & Lara Amorim Helfenstein

A UTILIZAÇÃO DA FERRAMENTA *NET PROMOTER SCORE*
PARA MENSURAR O NIVEL DE SATISFAÇÃO DOS CLIENTES:
O CASO DE UM PROVEDOR DE INTERNET EM GUANAMBI-BA.......135

Ivan Gonçalves Brito, Joao Wilker Aparecido Guimaraes da Silva & Jussimara de Cássia Leite de Souza

SOBRE OS AUTORES...155

INTRODUÇÃO

A inflação, termo da economia frequentemente utilizado para designar o aumento geral dos preços tem afetado o Brasil e o mundo nos últimos anos. O Brasil conseguiu domar esse dragão (a inflação como era conhecida) com a criação do Plano Real, estabilizar a moeda e promover melhoria na qualidade de vida das pessoas quando comparado ao que era visto anteriormente.

Mesmo com o controle rígido dos bancos centrais mundo afora a inflação voltou com força nos e, dentre os fatores que podem ter promovido o crescimento descontrolado da inflação no Brasil (e no mundo) podemos citar: a pandemia causada pela Covid-19 e a instabilidade brasileira e internacional. Apesar do cenário catastrófico promovido pela crise sanitária da Covid-19, a balança comercial brasileira continuou superavitária, apresentando evolução nas exportações e importações, sendo o agronegócio o motor que mais impulsionou esse saldo positivo.

Ao olharmos para a situação brasileira, percebemos que a agricultura auxiliou muito o país na balança comercial. Diante disso e pra promover esses ganhos além da tecnologia a administração eficaz certamente contribuiu com esse quadro. Pensando agora no mercado interno, chama também atenção o setor de serviços, que mais gera empregos e contribui de forma significativa para o PIB do nosso país.

Novamente, para garantir toda a eficiência nas compras, organização, distribuição e entrega dos produtos que podem ser desde lanches, alimentos, produtos de informática entre outros, a administração eficiente destas etapas se faz necessária.

Regendo todas estas etapas, temos também a criatividade, os diferentes estilos de liderança, o uso de ferramentas para promover o armazenamento, a distribuição e a entrega adequada de modo a garantir a satisfação e a motivação dos clientes, fatores estes que acabam por impulsionar as compras nos marketplaces brasileiros e estrangeiros tendo como padrão um bom plano de marketing que acaba por influenciar o empreendedorismo, principalmente o feminino que tem conquistado cada vez mais espaço nos últimos anos e gerado uma revolução nos negócios, alinhando com políticas públicas que promovem melhorias na vida das famílias e de estudantes que, ao receberem bolsas conseguem bancar, em parte, seus estudos e ao mesmo tempo, girar a roda da economia, parte muitas vezes esquecida, mas que é obrigação e função do Estado.

Dentro do propósito dos diferentes capítulos que compõem esta obra e ilustram de forma diversa e rica significativos setores da economia, sejam eles públicos ou privados que aqui são apresentados a partir de diferentes pesquisas em variados setores da administração e áreas correlacionadas e apresentam as vivências e práticas de docentes e discentes do curso de Administração.

Ao longo do desenvolvimento dos capítulos são apresentados casos práticos e em outros, análises teóricas, sendo estes inseridos e agrupados por assuntos assemelhados. A obra encerra-se com a apresentação de tópicos gerais inerentes aos trabalhos aqui contidos. As referências de obras específica de cada capítulo são inseridas no final de cada um deles. E, como bibliografia geral, relacionam-se todas as obras consultadas.

Ainda destacamos que a presente obra pode servir de suporte a estudantes, docentes, empresários, executivos e como material didático de diferentes disciplinas do curso de Administração e outros cursos correlatos, sendo o professor/a quem deverá exercer o papel de facilitador. E, nessa missão de mediar a aprendizagem, deve relacionar-se e saber conviver com estes últimos, que devem tomar a iniciativa como protagonista do processo de ensino e aprendizagem onde um tornado de informações chega a todo instante promovendo alterações em nosso modo de pensar e articular os planos de ação, o que torna complexa a tarefa de encontrar solução para as mais diversas demandas que surgem junto aos discentes e principalmente fora das quatro paredes da universidade, isto é, nas organizações.

Assim, os textos aqui apresentados podem ser usados como indicadores das ações desenvolvidas pelos docentes e estudantes do curso de Administração do Departamento de Educação, *Campus* XII da Universidade do Estado da Bahia e do Instituto Federal Baiano, Campus Guanambi.

Professores Cláudio Meira e Antônio Ribeiro

Professores Doutores do curso de Administração da Universidade do Estado da Bahia. Campus XII (Guanambi).

A LEGITIMIDADE ESTATAL: CONCEPÇÕES CLÁSSICAS SOBRE O ESTADO, SEU PODER E FUNÇÃO

João Hélio Reale da Cruz[1]

INTRODUÇÃO

O desenvolvimento das civilizações mostrou a necessidade de os indivíduos organizarem estruturas capazes de garantir a convivência pacífica entre os homens, visando ao bem comum, essas estruturas consubstanciam um Estado.

Ao longo da história da humanidade, diversas formas de Estado podem ser observadas, desde as organizações tribais, quando se pode falar em Estado, apenas em sua forma "embrionária", tem-se também o Estado teocrático, até o Estado Moderno, que se desenvolve após movimentos revolucionários e de ideias constitucionalistas.

A evolução dos modelos de Estado passa pela evolução do pensamento humano, bem como das circunstâncias econômicas e culturais, que a própria sociedade humana cria e por elas sofre transformações.

O presente trabalho, tem como proposta apresentar reflexões sobre teorias que apontam fundamentos de legitimidade do Estado e sua organização. Optou-se por analisar tais teorias, porque elas constituem o embasamento filosófico para a discussão do tema em foco, mostrando que o desenvolvimento das diversas formas de Estado tem pontos em comum, observando a finalidade do Estado e a configuração deste para atender ao fim a que se propõe.

Após as reflexões teóricas, em breves discussões serão apresentadas ideias que esboçam possíveis soluções para o que se pode chamar de crise do Estado nacional.

A pesquisa bibliográfica foi a metodologia escolhida para o desenvolvimento do trabalho por se tratar de tema que remete a tratativas teóricas de autores nacionais e estrangeiros nos campos da teoria do estado e da ciência política.

---

[1] Professor da Universidade do Estado da Bahia. E-mail: jrcruz@uneb.br

O PODEROSO ESTADO, O PACTO IRREVERSÍVEL

O Estado, para Thomas Hobbes, surge do princípio de que em algum momento, num estado de desorganização, os homens guerreavam entre si em plena competição e desconfiança que eram próprias da natureza humana numa situação sem controle, onde todos "igualmente" buscavam satisfazer suas vontades. Nessa desordem surge a necessidade de se estabelecer uma organização que seria o Estado. Este Estado constituiria uma força superior, que visava solucionar os conflitos, garantindo aos homens uma convivência pacífica e segura.

Na visão de Hobbes o homem não é um ser gregário, é o que se infere da ideia do estado de natureza o qual os homens viviam em guerra uns contra os outros (HOBBES, 2009).

No estado de natureza os homens estavam em conflitos constantes porque cada um, no uso de seu direito a todas as coisas, empreendia guerra contra os outros, buscando apropriar-se dos bens alheios, ferindo o direito que o outro também teria a todas as coisas.

É um tipo de direito questionável, pois se interpretado literalmente só se faria possível a existência de um portador de direitos e este só seria o titular do direito enquanto pudesse mantê-lo sob sua guarda. Levando em conta a igualdade de direitos haveria um limite para que o homem utilizasse desse seu direito a todas as coisas para, dessa forma, tornar possível a existência dos demais, notando também que os homens são dotados de liberdade, esta não deve ser vista como uma ausência completa de impedimentos externos, pois conflitaria em seu exercício com a liberdade alheia, limitando a liberdade do outro e, por consequência disso, a igualdade.

Para o autor do Leviatã seria necessário um pacto ou um contrato onde as partes — os homens configurariam como partes nesse contrato ou pacto que daria origem ao Estado — assumem direitos e deveres recíprocos. Daí conclui-se que pela transferência ou renúncia de direitos de forma voluntária seria possível a formação do Estado (HOBBES, 2009).

Os homens transfeririam os direitos para um soberano, que os exerceria em nome de todos, visando à paz, impondo limites para a liberdade, tornando possível exercê-la sem atingir a liberdade dos outros. Seria essa uma forma possível de convivência pacífica entre os homens.

A criação do Estado passa pelo acordo entre os homens em estabelecer um ente superior ao qual todos se submeteriam. Seria uma forma dos homens transferirem os seus direitos a um homem ou a uma assembleia de homens. Isso porque, por si só, o homem não estaria apto a julgar nem decidir sobre um ponto de vista comum, mas, cada um constituía-se próprio juiz.

Comparando as sociedades das formigas e das abelhas — sociedades harmônicas — à sociedade humana, vê-se nesta, diversas diferenças que impedem uma estruturação social harmônica, por exemplo: a competição, a busca pelo reconhecimento, a desconfiança, a capacidade de questionar e de propor, dentre outras diferenças que fazem dos homens seres políticos, pois julgam-se capazes para exercer o governo, sendo o convívio social humano fruto de um pacto artificial e não natural. Dessa ideia de que a convivência pacífica depende de um pacto artificial pode-se inferir que a todo instante os homens estão lutando para ferir o direito dos outros e, assim sendo, surge a necessidade da concordância de vontades para transferir suas forças ao Estado, dando-lhe poder para representar-lhes.

Este Estado comparado ao Leviatã, um terrível e poderoso animal citado na Bíblia Sagrada (Livro de Jó, capítulo 41), governaria sobre todos os homens zelando pela paz e pelo bem comum.

O poder destinado ao soberano é apontado como indissolúvel, uma vez que, os súditos, num ato voluntário o concederam e não poderiam voltar atrás em seu pacto (HOBBES, 2009).

Essa forma de poder absoluto, se relacionada com os exemplos históricos do absolutismo monárquico ao autoritarismo despótico, vê-se que não é preponderante, nem única forma de se manter a paz, pois, em revoluções internas ou em guerras esse poder passa a ser ameaçado quando não transformado, a exemplo da Revolução Francesa de 1789, onde os soberanos foram destituídos e até mortos pelos súditos. O governo, portanto, deve ser exercido por um soberano, desde que este goze da aceitação da maioria dos súditos e esteja a corresponder aos anseios que lhes são comuns.

Assim, o Estado na hipótese hobbesiana, constituía-se em poder absoluto e pacto irreversível, capaz de pacificar os conflitos entre os homens.

O ESTADO, UMA CONVENÇÃO HUMANA

O estado de natureza na obra de John Locke aponta para uma situação em que os homens eram portadores da função de julgar os que praticassem atos contrários à lei de natureza. Viviam em plena liberdade, sendo esta não extensiva à destruição própria ou de qualquer criatura, salvo em casos de conservação.

O estado de natureza imaginado por Locke conota uma certa harmonia dos homens entre si e a natureza, pois cada um possuía a função de punir crimes contra a lei de natureza, ou seja, manter a harmonia, o equilíbrio.

Ocorre que, cada um tendo a função de julgar passa a atuar visando aos seus próprios interesses, podendo fazer justiça da sua forma, este sendo um dos inconvenientes do estado de natureza, cada um poderia julgar por sua ótica não havendo, portanto, uma justiça comum, mas, uma injustiça generalizada.

O surgimento da sociedade civil ou política tem seu início quando os homens consentem em renunciar ao seu "poder natural", buscando para isso instituir uma organização que tenha uma lei comum, para, sob a autoridade desta, resolver os conflitos existentes, aplicando sanções aos ofensores.

A lei exerce um papel preponderante para a solução de conflitos e o estabelecimento da ordem aparece como um instrumento regulador da sociedade que se organizou a partir de um consenso entre os homens, que transferiram os seus poderes de julgar e castigar as ofensas à lei da natureza para o governo, este não surgiu da estrutura patriarcal ou familiar, mas do consenso entre os indivíduos, sendo que cada súdito o é à medida que consente ser. As crianças não são súditas por nascimento, mas à medida que alcançam capacidade e passam a fazer também a sua escolha nesse sentido.

Esta união dos homens pressupõe a autorização para que estes sejam governados, dotando o governante de atribuições tais que levam ao estabelecimento da ordem e da garantia de paz, segurança e proteção da propriedade, baseados na regulação de uma lei, onde se constituem juízes com poderes para resolver dissensões e para executar sentenças. É uma organização semelhante à que se pode ver atualmente, é o retrato de uma organização capitalista baseada no trabalho humano e no direito à propriedade, atendendo aos interesses da burguesia contra a aristocracia. O direito à propriedade é defendido e o poder legislativo é exaltado reduzindo-se, portanto, o poder do monarca.

No Tratado sobre o Governo, John Locke traz ainda as formas como pode ocorrer a dissolução da sociedade ou do governo, ocorrendo tal dissolução a partir do esfacelamento da sociedade por força estranha, mudança na forma de representação, sujeição a governo estrangeiro e por omissão do governo de seus encargos, ou mesmo pela prática de atos contrários a esses encargos, incluindo-se ainda a opressão que pode levar o povo à revolta (LOCKE, 1978).

Sobre o direito de propriedade, Locke parte do princípio de que todas as coisas foram dadas por Deus em comum a todos os homens, ninguém é proprietário individual de nada, senão da sua própria pessoa, mas aquilo que realizar lhe é também propriedade, se realizar algum trabalho, o fruto desse trabalho será propriedade sua. Sendo o trabalho a única forma de se adquirir a propriedade, temos aqui a ideia básica de como surge a propriedade individual. Mas, nem sempre o trabalho garante a propriedade, havendo-se esta, também por herança, que não é fruto de um trabalho direto do herdeiro, mas de outrem.

Há também traz em sua obra o princípio em que deve ocorrer a transmissão da posse a terceiro de terras improdutivas ou que, embora cercadas, não estejam sendo aproveitadas (LOCKE, 1978).

Os ideais revelados por Locke consistem na garantia da propriedade privada e na liberdade individual, em certa medida servem como justificação ao modelo capitalista.

O ESTADO – CONTRATO SOCIAL, POVO SOBERANO E SUPREMACIA DA LEI

No Contrato Social de Rousseau a sociedade é formada artificialmente, por meio da convenção dos homens, a família surge como a única sociedade natural. A princípio e em certo momento esta só se manteria pela convenção dos seus membros.

Diferentemente de Hobbes e Locke, Rousseau não se preocupa em explicar o estado de natureza, apesar de admiti-lo. Sua visão é voltada para a forma de criar-se um estado ideal, onde não houvesse a submissão e a obediência por temor, pela força, mas que surgisse da convenção de todos os seus partícipes que se constituiriam soberano, sem a presença de um "representante" com poder maior do que o próprio povo, mas que o príncipe estivesse como um servidor do povo. A liberdade que cada indivíduo possuía por natureza, seria limitada em proveito próprio e também da coletividade. Na convenção cada um deveria alienar os seus poderes e liberdade tendo em vista a própria liberdade e a propriedade dos seus bens. Ninguém seria obrigado pelo temor ou pela força, mas por um poder legítimo que se constitui pela convenção de todos. Cada um obrigar-se-ia para consigo e para com os demais (ROUSSEAU, 2010).

Os governos instituídos ou mantidos pela força como a tirania e o autoritarismo não são considerados legítimos, pois são mantidos apenas pelo temor, em qualquer oportunidade as pessoas livrar-se-iam do jugo desse governo. Essa forma de não se obrigar a governos ilegítimos leva à reflexão sobre a arbitrariedade no governo, no momento em que não se consulta o povo, ou administra-se para atender aos próprios interesses e não os interesses do povo. Deve-se lutar contra esse governo, pois, por ser ilegítimo o povo não lhe deve obediência, tal governo certamente se desfará por meio da oposição do povo à arbitrariedade.

No tocante à escravidão, diferentemente dos demais autores que a justificam como se o escravo trocasse a liberdade pela vida, aqui nota-se que esse argumento é, em larga medida, de difícil compreensão, pois, ninguém poderia trocar a liberdade pela vida, porque esta sem aquela não faz sentido (ROUSSEAU, 2010).

Na concepção de Rousseau ninguém pode, sob o pretexto de ter poder sobre a vida do outro, exigir em troca a sua liberdade, ainda que numa situação de guerra, esta não pode ser travada contra um só indivíduo, mas contra o Estado. As pessoas quando deixam as armas, deixam também de representar a defesa do Estado, renunciando a guerra, passando a ter direito à vida, não devendo ser notadas como inimigos, mas como seres humanos (ROUSSEAU, 2010).

Aquele que subjuga uma multidão o faz pela força não se tornando uma autoridade legítima, o que não se compara com a regência de uma sociedade que é feita pela convenção de todos, com o apoio de todos e de acordo com as regras decididas pela coletividade. A partir desse princípio, todas as decisões tomadas em assembleia expressam a legítima vontade do povo.

No Contrato Social o homem tem em troca de sua liberdade natural e do seu direito a todas as coisas, uma liberdade civil que também é garantida a todos os membros da sociedade e limitada em certa medida, recebe também a garantia da propriedade de tudo o que possui. Esse contrato é que possibilita a existência do corpo político, onde o próprio povo (soberano) lhe dará movimento a partir das leis que funcionarão com um papel de regular as ações do Estado para que atue de acordo com a vontade daqueles que o constituem. As leis visam a atender de forma impessoal aos indivíduos, o princípio da impessoalidade da lei é, até os dias atuais, um dos princípios fundamentais da administração pública, é o que torna possível a todos indivíduos igualdade de direitos e deveres que lhes são atribuídos pela lei. O povo deve ser autor de suas leis para que sejam justas e legítimas.

O legislador ou aquele que elabora as leis deveria ter a mais clara consciência dos problemas comuns, mas não poderia ter relação com a natureza humana (ROUSSEAU, 2010). Não é possível compreender, no plano material, como alguém sem ter nenhuma relação com a natureza humana pudesse conhecê-la a fundo, só admitindo-se, nesse caso, essa possibilidade a uma inteligência sobre-humana como o faz o autor. Pode-se reportar aos judeus, que receberam as tábuas da lei (os dez mandamentos) de Deus por intermédio de Moisés que nortearam a justiça judaica e têm em muito influenciado as legislações dos países de tradição judaico-cristã, nos princípios fundamentais como: não matar, que culmina na proteção da vida; não furtar, culmina na proteção da propriedade; não adulterar, traz em si o princípio da fidelidade e lealdade conjugal, dentre muitos outros princípios.

Ainda para Rousseau, estando a lei a regular a vida do corpo político, o príncipe teria apenas o papel de administrador que operaria essa "máquina" formada pelo povo e movida pelas leis, o Estado. É um ideal que até hoje se cultiva como ideal de governo, que o governante governe pelo povo e para o povo (ROUSSEAU, 2010).

O Estado, na concepção de Rousseau, existiria numa democracia direta capaz de legitimar as ações do governante.

O ESTADO E OS "PODERES"

Em *Espírito das Leis*, Montesquieu afirma que as leis possuem fontes naturais, surgindo necessariamente das relações entre as coisas. Nesse caso, as leis já estariam preestabelecidas, seriam elas as responsáveis pela ordem das coisas (MONTESQUIEU, 1997).

Dessa forma, Montesqueu tenta explicar as leis humanas como algo que deve estar intimamente relacionado com as leis naturais. Esse princípio defendido em Espírito das Leis pode ser perfeitamente compreendido, visto que até mesmo as leis positivas surgem das relações sociais e aquelas mudam em função destas, obedecendo sempre a essas relações. Uma lei positiva que não mais se relaciona com os fatos que lhe deram origem deixa de ser utilizada ou perde força em virtude das alterações nas relações fáticas que ocasionaram sua produção. A lei que for baseada em certo aspecto natural de um país deixará de ter valor ou a mesma importância quando esse aspecto é alterado como, por exemplo, uma lei que tenha regulamentado o transporte hidroviário em determinado rio deixa de ter a mesma importância quando o rio é assoreado e torna-se impraticável a navegação por ele.

A cada coisa existente lhe é inerente uma lei. Para Montesquieu (1997), a lei é indispensável à manutenção e existência das coisas, sem a lei instalar-se-ia o caos. Estando relacionada à natureza das coisas, para cada tipo de governo existe uma lei própria atendendo à característica que é peculiar a esse governo.

A democracia, sendo um regime que tem como base a participação popular, o direito de sufrágio lhe é próprio e sem este a democracia transformar-se-ia num outro regime, se o povo não tivesse o direito a voto a democracia seria descaracterizada e, por fim, deixaria de ser uma democracia, pois o povo não poderia manifestar sua vontade e por consequência deixaria de participar do governo, deixaria de ser o "governo do povo".

A aristocracia tem como lei própria, o governo por um número certo de pessoas que podem ser agrupados num senado para que todos os nobres participem das decisões igualmente. Esse tipo de governo torna-se mais perfeito à medida que se aproxima da democracia. A relação dos nobres para com o povo nunca deve ser marcada pela opressão. A república aristocrata deve ser um governo que não oprima e não se torne odioso pelos governados, buscando a participação destes quando possível; seria prejudicial à própria nobreza explorar o povo ou tê-lo por inimigo; esse governo deve calcar-se na moderação.

Na monarquia o poder é concentrado nas mãos do príncipe que deve ser oriundo da nobreza. Esse poder deve ser por ele exercido de forma a atender aos objetivos do reino, não gerando nos súditos o medo, mas inspirando o respeito e a honra que são devidos, devendo basear-se em leis fundamentais. O poder que geralmente emana do príncipe é manifestado por meio de delegações que são feitas pelo próprio príncipe constituindo poderes intermediários, subordinados e dependentes.

O governo despótico é baseado no medo. Nesse governo o poder é centralizado e exercido por um só homem que à sua vontade e a seus caprichos decide. Montesquieu critica o despotismo, considerando um governo ilegítimo e prejudicial, pois o déspota pela desídia que lhe é peculiar abandona os negócios públicos não se preocupando em resolvê-los, antes atende aos seus caprichos e para fazê-lo tem que impor-se pelo medo a que submete os governados (MONTESQUIEU, 1997).

Aí está claro o perigo de permitir-se que o poder seja concentrado nas mãos de uma só pessoa ilimitadamente.

A cada espécie de governo é atribuído um princípio que o norteia e o torna eficaz. Na democracia esse princípio é a virtude, ou seja, a honestidade deve caracterizar o governo democrático, numa democracia representativa os representantes, tanto quanto o povo, devem se moldar pela virtude. Um governo que se diz democrático e não valoriza a virtude tende a tornar-se uma demagogia, quando interesses outros e não os do povo são atendidos. A corrupção e a hipocrisia devem ser mínimas ou inexistentes na democracia.

A aristocracia deve pautar-se pela moderação, evitando a opressão e buscando uma maior participação popular. A monarquia, mesmo que não se baseie pela virtude, tem na honra o seu princípio fundamental, pelo qual o príncipe deve pautar suas ações. Imagina-se que a partir da honra possa se substituir a virtude. É compreensível que um príncipe não queira ser considerado ímprobo por seus súditos, mas a honra em si não garantirá a probidade do príncipe, perderá a confiança se, agindo desonestamente aos olhos do povo, desonrar-se pela sua conduta. No despotismo o medo é o princípio, pelo qual e sob o qual se sustenta o déspota. Sem a imposição do medo ao povo, não haveria motivo para que se submetesse ao governo despótico (MONTESQUIEU, 1997).

A forma como se divide o poder e traz com isso a maneira de exercê-lo. Na divisão do poder, o poder legiferante pertence ao povo e à parte da nobreza que o exerce diretamente ou por meio de seus representantes legítimos.

O poder executivo é exercido por um governante, na análise feita por Montesquieu tratava-se de um monarca, mas vê-se o executivo exercido por um presidente ou primeiro-ministro, que é também eleito pelo povo ou pelo parlamento numa democracia.

O judiciário é exercido pelos juízes e demais membros deste poder, não deixando de existir o Tribunal do Júri, onde o julgamento é feito por pessoas do povo, esta instituição visa o julgamento dos crimes contra a vida. O modelo do poder de julgar para Montesquieu (1997) é um modelo que prima pela impessoalidade do magistrado. Esses três poderes são dotados de independência e dispositivos para o seu controle, eles também são harmônicos, característica tal que impede que um deles sobressaia e atue de forma exagerada ou a subjugar um dos outros poderes. O poder legislativo utiliza-se de suas funções de fazer as leis e fiscalizar o executivo, mas não o faz de forma ilimitada, o executivo utiliza-se do mecanismo do veto para frear certos abusos do legislativo. O judiciário funciona como aplicador da lei e desta não pode apartar-se, este poder não pode estar acima ou submisso a qualquer dos outros, sob o risco de o juiz tornar-se o próprio legislador ou um opressor, se ligado ao executivo.

O funcionamento desses três poderes dependerá das leis sob as quais estarão submetidos. O governo, dessa forma, torna-se um governo moderado onde os poderes são exercidos de forma independente, evitando os riscos do despotismo autoritário.

A estruturação do Estado é evidenciada em Montesquieu (1997) pela ideia da "divisão de poderes", tal ideia revelou-se fundamental para a evolução do Estado Moderno, sendo mais propriamente se falar de divisão de funções, se se parte do princípio de que o poder é indivisível.

O ESTADO, CONCRETIZAÇÃO DA VONTADE BURGUESA

O Estado como uma instituição que age sob o princípio de ser a personificação da vontade da maioria dos que o constituem, busca assegurar a igualdade política para os seus membros, dissociando-a da igualdade civil. Não seria lógico admitir que houvesse igualdade política, sem a igualdade civil. As circunstâncias que cercam um operário são completamente diferentes das que cercam um industrial. A partir daí a própria formação da consciência seria afetada, estando o operário, pela sua posição de explorado, fadado a uma consciência limitada da sua atuação política e estaria subjugado ao industrial, não só no plano da força de trabalho, mas também no plano da própria consciência.

O homem deve emancipar-se não só politicamente, mas também como homem em si, a emancipação política por si só não será uma emancipação política plena se não houver a emancipação do próprio homem, este não deve ser explorado, tornando necessário assegurar os seus direitos, tendo acesso a eles sem entraves impostos pelos dominantes. Os direitos humanos devem representar em si os direitos do homem enquanto tal, em vez de traduzir os direitos "eleitos" como direitos humanos pela classe dominante.

"As armas da crítica não podem, de fato, substituir a crítica das armas; a força material tem de ser deposta por força material, mas a teoria também se converte em força material uma vez que se apossa dos homens" (WEFFORT, 1990, p. 255) Apenas a crítica não seria suficiente para desfazer com a dominação burguesa.

Para Marx, essa dominação que se processa pela força deve também ser deposta pela força material, visando ao fim da dominação do homem pelo homem. Os dominados devem buscar emancipação real, pois a emancipação pregada pela burguesia restringe-se a uma máscara para a opressão, declaram os seus direitos como se esses fossem os direitos de toda a sociedade.

O pensamento humano, os conceitos, a troca intelectual emanam diretamente do seu comportamento material, logo, a moral, a ideologia deixa de ser autônoma, pois correspondem às formas de consciência.

Para Marx que a consciência humana é determinada pelo seu comportamento material, essa é uma visão materialista, que condiciona todo plano ideológico e metafísico ao plano material. Partindo desse princípio, busca-se mostrar que as relações de produção burguesas expressam características que lhe são próprias e são impostas aos produtores pela burguesia, mas essas relações não são eternas e imutáveis, elas um dia foram construídas e cada homem tem a mesma capacidade para alterá-las, construindo-as de outra forma (WEFFORT, 1990).

Ocorre que, os operários submetem-se a condição de produtores inconscientes, acreditando ser as relações burguesas as únicas possíveis e passam a reproduzi-las, podendo ser comparados às máquinas, ou engrenagens de uma máquina numa indústria, destituindo-se da posição de homem, reduzindo-se a meros serviçais de outro homem, que os impressionam com os instrumentos de produção e com sua ideologia. A divisão do trabalho cumpre a função de reduzir cada vez mais o papel do homem na sociedade não o considerando mais como um homem, mas como um pedreiro, um motorista etc.

O Estado surge com o papel de legitimar toda essa estrutura burguesa, fazendo-se crer como fruto da vontade de todos, assume um papel de defender os "interesses coletivos", interesses que não se identificam com o próprio Estado, podendo se perceber quais interesses realmente o Estado defende. Não são interesses gerais, senão interesses particulares ou de minorias. A quem o Estado protege a propriedade? Aos que não a possuem? Logicamente, não. Não seria possível assegurar a alguém proteção de uma coisa que ele não tem. Os operários não possuem os instrumentos de produção, nem o capital, e sim a burguesia os possui, então, antes de proteger os ínfimos bens de cada um, o Estado protege a propriedade burguesa. Certamente o Estado seria diferente se não fossem os interesses dessa classe que o comandasse.

Com a divisão do trabalho, o Estado passa a funcionar como uma grande máquina, onde cada indivíduo constitui apenas uma simples parte da engrenagem estatal. O Estado é assim, fruto das relações de seus membros, essas relações estão condicionadas pelas diversas formas de controle das quais se utiliza a classe dominante. O próprio Estado é utilizado como forma de dominação, uma vez que não harmoniza os seus interesses com os interesses da maioria dos seus membros, tornando-se uma "força ilegítima" (WEFFORT, 1990).

Essa ilegitimidade e a desarmonia entre o Estado e os seus membros tornam-se perceptíveis quando se vê as desigualdades geradas pelo sistema que regula as relações de produção e que ao mesmo tempo são corroboradas pelo Estado. Qual seria a função do Estado? Ser conivente com a opressão? Oprimir? O Estado não estaria, dessa forma, representando a convenção de seus membros e sim os interesses de um grupo, ou classe, como denomina Marx. Como o Estado protege tanto a posse e a propriedade se, em alguns casos, a maioria da população é composta por aqueles que não possuem sequer o necessário para condições dignas de vida? Esse não é o Estado desse povo ou esse povo não é desse Estado.

A revolução prevista por Karl Marx estaria baseada nessa disparidade que ocorre entre os ricos e os pobres, essa contradição seria a faísca que incendiaria o sistema vigente. Ele ainda defende que o proletariado ao conquistar o poder deveria tornar-se de fato a classe dominante, difundindo seus princípios, suas ideias, seus interesses como interesses comuns a todos, conquistando assim a hegemonia e o *status* de classe universal (MARX, 2010).

A comunidade constitui um meio em que os indivíduos que a formam encontram para desenvolverem-se e adquirirem a liberdade. Será que essa comunidade existe? Ora, se se explora e oprime os indivíduos, controlam-se suas ações, manipula-os quase que completamente, como poderia existir essa comunidade, senão no plano ilusório?

Para Marx, a comunidade é ilusória, pois não se pode constatar sua existência real para a classe dominada. A convenção a que se refere Rousseau, não se verifica, pois a "comunidade" mostra-se independente em face aos indivíduos que a compõem. Marx demonstra ainda que os indivíduos são mais livres do que antes, mas essa "liberdade" é invocada para atender aos interesses burgueses e observando-se de perto não constitui liberdade, mas apenas uma forma de opressão e subordinação objetiva, que é institucionalizada com o nome de "liberdade". Há uma necessidade dos proletários "afirmarem-se como pessoas" e para que cheguem a tal condição é preciso a abolição do trabalho, nessa sua forma, e a "derrubada" do Estado.

Com o desenvolvimento da indústria e do mercado, aumenta-se o poder econômico da burguesia que por sua vez passa a influenciar o poder político conquistando uma hegemonia exclusiva. A burguesia necessita de uma constante revolução de seus instrumentos de produção, essa seria uma condição para a sua existência. É uma condição verdadeira, porque é justamente isso que se pode notar no capitalismo, essa grande máquina que para funcionar precisa de novos inventos tornando-a dinâmica por meio do consumo.

Quando pouco se consome o capitalismo começa a entrar em crise, como exemplo dessa crise, vale lembrar que em 1929 havia uma super-produção e uma demanda menor, o que levou a uma crise desesperadora de todo o sistema capitalista. Na época para resolver o problema foram utilizados alguns princípios do socialismo, como o aumento da atividade estatal frente a economia.

Na política neoliberal, os artifícios da abertura dos mercados e da globalização da economia são utilizados pelos capitalistas modernos ou "pós-modernos" no intuito de aumentar os seus lucros e expandirem seus negócios. O que, como previu Marx, levará a crises mais amplas e com menores chances de solução (WEFFORT, 1990).

Não se sabe que alternativa será seguida pelos dirigentes da economia mundial, vê-se que há um certo incômodo entre eles sobre os bolsões de miséria que aumentam a cada dia.

Lendo-se Marx, espera-se que uma grande revolução aconteça a qualquer momento, mas o que se vê é aumentar a opressão aos pobres e o poder dos ricos.

A classe revolucionária surge com a organização do proletariado que se torna possível com o grande número destes e sua concentração. Essa organização pode ser afetada pelas competições que ocorrem dentro da própria classe revolucionária.

As relações burguesas não correspondem às relações do proletariado, pois todo o ideário burguês em que está imerso o proletariado, não representa suas expectativas, sua realidade. Por isso, a "classe revolucionária" deve deixar de lado todos os valores que representam tão-somente os interesses burgueses. Tudo o que garante a propriedade privada deve ser abolido. "a burguesia [...] produz seus próprios coveiros. Sua ruína e a vitória do proletariado são igualmente inevitáveis." (WEFFORT, 1990, p. 269).

Essa previsão marxista de cunho categórico pode comprovar-se algum dia, mas até então o que se vê é o triunfo burguês. Sob uma análise mais profunda pode-se notar que a burguesia não só se apropria da força de trabalho, mas também da própria consciência do proletariado. Pode-se metaforicamente dizer que a burguesia triunfa como "abutres" em meio aos "cadáveres".

Não se utiliza aqui o termo "cadáveres" no seu sentido literal, mas tal expressão é utilizada no sentido de que pouco adianta ter uma vida onde se é controlado tanto nas ações como no pensamento, onde não há liberdade a vida faz pouco sentido – o termo liberdade aqui aponta para emancipação humana, livre da dominação ideológica ou consciente desta e reunindo condições para libertação.

Teme-se que algum dia o termo "cadáveres" seja utilizado no sentido literal, aplicando-se ao proletariado em face ao processo de exclusão que priva o homem de pertencer à própria classe proletária. Caso nada se altere na forma como o capitalismo avança, não estará muito longe o dia de se utilizar esse termo no seu sentido literal. Por enquanto, o fim do Estado burguês e a vitória do proletariado, está cada vez mais distante.

Em Marx (2010) relaciona a existência de classes a fases históricas do desenvolvimento da produção. Essas classes surgiram da divisão do trabalho, da noção estratificada que se tem da sociedade, uma forma de simplificar o complexo. Sendo a sociedade um complexo de relações e inter-relações, classificá-la em classes específicas é uma das formas de mais facilmente compreendê-la, como fez Marx (2010). Ele afirma que a luta entre essas classes leva à ditadura do proletariado que significa o princípio da abolição de todas as classes, visando uma sociedade sem classes, ou seja, uma igualdade de existência, um comunismo. Alerta-se, ainda, que para isso ocorrer é necessário destruir todos os traços existentes da dominação burguesa, principalmente, o Estado nessa sua forma, que não mais existiria quando tivessem fim as diferenças de classes, quando o próprio proletariado deixaria de exercer o seu papel no Estado e se dissolveria como classe (MARX, 2010).

No brado de "república social" na Revolução Francesa, tem-se o anseio dos operários em formar um governo comunal em que as decisões fossem objeto de voto e os membros da comuna estivessem à disposição da classe operária podendo ser destituídos a qualquer momento, estes seriam tais quais os operários até em termos de remuneração; educação acessível e livre da influência da religião e do Estado, estes já separados; a justiça seria independente.

Essas ideias eram fundamentais para que se chegasse a uma nação comunal, o governo representaria a emancipação econômica do trabalho, qualquer da comunidade seria valorizado como pessoa, sem sofrer as distinções. As desigualdades findariam com a comuna e os homens seriam tratados com uma real igualdade. O trabalho seria comum a todos, deixando de ser atribuição de determinada classe. Essa seria uma forma de governo que atenderia aos operários e se tornaria de todo o povo. Mas após a Revolução Francesa, quando a burguesia assumiu o poder, alguns desses princípios foram preservados apenas "no papel", não tendo efetividade para todos, nos termos dos ideais da Revolução. A elite burguesa que assumiu o poder procurou instalar um Estado que atendesse aos seus interesses de expansão do mercado e proteção do capital.

Os direitos à educação, ao emprego, à saúde, o acesso à justiça são objetos de conquista da classe dominada, por exemplo.

BREVE ANÁLISE SOBRE O ESTADO NA ATUALIDADE: A VIABILIDADE DE UM ESTADO FEDERAL MUNDIAL

Guerras, pestes, pobreza, insegurança, são problemas que têm preocupado governantes, teóricos e cidadãos em todo o mundo. Qual seria a solução capaz de colocar em equilíbrio as forças que operam no mundo e os interesses em conflito?

Um Estado Mundial suficientemente forte seria capaz de solucionar conflitos que vão dos Estados Unidos da América ao Afeganistão?

A concepção de um Estado Mundial aparece a alguns teóricos como possível solução para os principais problemas da humanidade.

Blocos econômicos são estruturados em torno do fortalecimento da economia dos países, e como forma de proteção à concorrência internacional, numa economia globalizada.

Depois da Guerra Fria, a polarização do mundo em duas superpotências deixa de existir e passa a se desenvolver no globo um grande mercado, tendo em um dos polos os Estados Unidos da América como uma superpotência econômica e militar. Como parte desta multipolarização o desenvolvimento de blocos econômicos de dimensões continentais, como a União Europeia, que se apresenta como a organização comunitária em seu estágio mais evoluído, bem como o fortalecimento das potências orientais como a China e a Índia, demonstra uma tendência em reorganização na geopolítica global.

Neste contexto, o Estado nacional começa a perder identidade frente a participação comunitária e as influências das grandes potências. Questiona-se o princípio da soberania estatal, diante de uma nova ordem global, que além de se impor no plano econômico, também se impõe nas comunicações, quando por meio da *Internet*, as fronteiras dos países deixam de existir.

Assim, no plano teórico busca-se identificar as transformações pelas quais passa o Estado e quais as tendências, que perspectivas existem para o Estado nacional diante do rompimento paradigmático acerca dos modelos de Estados até então conhecidos.

Alguns pensadores em momento mais recente da história, a exemplo de Dalmo de Abreu Dallari, passaram a analisar que configuração pode vir a tomar o Estado no futuro. Discutindo ideias acerca de um "Estado Mundial", um "Mundo sem Estados", "Um mundo de super-Estados" e "Múltiplos Estados do bem-estar" (DALLARI, 2007).

Outras teorias formuladas sobre o Estado mundial partem da ideia básica da unificação jurídica e política do mundo, formando um centro de poder superior aos dos Estados. Essa ideia surge na ONU (Organização das Nações Unidas), baseada na premissa de que os Estados poderiam e deveriam colaborar na limitação de seus próprios poderes.

Para outros, a primeira tarefa para chegar ao Estado mundial será superar a soberania sendo mais adequado um grande Estado Federal.

Juristas, como Hans Kelsen, têm como imprescindível ou o reconhecimento da superioridade do Direito Internacional ou a criação de condição para assegurar a eficácia de uma ordem jurídica mundial (DALLARI, 2007).

O Estado se revela como expressão das aspirações de cada povo. A diversidade de interesses e a conflituosidade destes são fatores prejudiciais à criação de um ordenamento jurídico mundial.

Concorre também como fator prejudicial a falta de disposição ou de um sentido geral de solidariedade para a unificação mundial. Assinale-se que "o comportamento político dos Estados, dos governos e dos povos não revela uma tendência à eliminação das fronteiras e à unificação que seria indispensável para que se caminhasse no sentido de um Estado Mundial" (DALLARI, 2001, p. 92).

Quanto à eficácia da ordem jurídica,

> [...] só as grandes potências têm condições para assegurá-la, mas essas mesmas potências por necessitarem menos das garantias jurídicas e por estarem mais preparadas para a ação arbitrária, não têm interesse nisso." (DALLARI, 2001, p. 93).

Sem embargo de outras teorias discutidas em *O Futuro do Estado* de Dalmo de Abreu Dallari, a teoria que se afigura como mais viável, tanto pela sua possibilidade, quanto pela sua viabilidade é a que defende a ideia de um Estado Federal Mundial. Isso porque, como nos estados federais da atualidade, os estados-membros são dotados de autonomia, embora tenham cedido sua soberania para a formação do Estado Federal. Esta autonomia seria suficiente para harmonizar as diferenças dos estados federados com os interesses do Estado Federal.

CONSIDERAÇÕES FINAIS

A formação do Estado tem sido tema de reflexões por vários teóricos, podendo-se perceber que as hipóteses desenvolvidas por alguns deles aqui analisadas, apontam para momentos distintos da evolução do Estado, servindo, muitas vezes, como embasamento teórico que justificasse a existência de determinado modelo estatal.

A forma conjetural como Hobbes, Locke e Rousseau, concebem a formação do Estado, bem como a análise crítica trazida Marx, servem para ampliar o entendimento das possibilidades, levando o homem à reflexão e capacitando-o para desenvolver novas concepções.

Quanto à configuração atual do Estado no ambiente global, não se pode afirmar exatamente que formato tomará o Estado, no futuro, visto que a estrutura de comunidades, como os blocos econômicos que hoje se vê formar, não é algo absolutamente novo e promissor, pois aglutinações outras já ocorreram no passado, como a União das Repúblicas Socialistas Soviéticas, que acabou dissolvida em 1991, bem assim, não se pode afirmar que existe no mundo um pleno movimento para a unificação, pois em outros casos vê-se movimentos separatistas, como ocorreu recentemente na Iugoslávia.

Consoante a análise feita por Dallari (2007), é de se notar que existe possibilidade da união dos países em torno de interesses comuns, tendo em vista o aumento da exclusão social, do terrorismo e dos rumores de guerra que assustam a humanidade. Vê-se que a criação de um poder supraestatal contribuiria de forma substancial para a solução de problemas que têm sua origem na má distribuição da renda no mundo, e na exacerbada exploração dos Estados subdesenvolvidos pelos mais ricos.

É bem possível que, o amadurecimento dos blocos econômicos e a relativização da soberania do Estado-nacional levem, em um futuro não muito distante, ao desenvolvimento da ideia de um Estado Federal em todo o globo.

REFERÊNCIAS

ALMEIDA, J. F. de (trad.). **Bíblia do Ministro**. São Paulo: Vida, 1996.

CHÂTELET, F. *et al.* **História das ideias políticas**. Rio de Janeiro: Zahar, 1997.

DALLARI, D. de A. **O futuro do Estado**. São Paulo: Saraiva, 2001.

DALLARI, D. de A. **O futuro do Estado**. São Paulo: Saraiva, 2007.

HOBBES, T. **Leviatã**. São Paulo: Martin Claret, 2009.

LOCKE, J. **Segundo tratado sobre o governo**. São Paulo: Abril, 1978.

MARX, K.; ENGLES, F. **O manifesto do partido comunista**. Porto Alegre: L&PM, 2010.

MONTESQUIEU. **Do espírito das leis**. São Paulo: Nova Cultural, 1997.

ROUSSEAU, J.-J. **O contrato social**. Porto Alegre: L&PM, 2010.

WEFFORT, F. C. (org.). **Os clássicos da política**. São Paulo: Ática, 1990. v. 2.

TESSITURAS SOBRE A GESTÃO E A CRIATIVIDADE NA SOCIEDADE PÓS-INDUSTRIAL

Adller Moreira Chaves[1]

INTRODUÇÃO

A sociedade pós-industrial é marcada pelo rápido crescimento do setor de serviços, pelo aumento das Tecnologias de Informação e Comunicação (TICs) e pelo conhecimento como ativo indispensável para as organizações e para a economia em geral. Em parte, os princípios da administração baseados nos modelos Taylorista e Fordista, com processos mecanizados e técnicos que nortearam as atividades industriais no início do século, passaram a ser questionados e reinterpretados para esta nova configuração social. A informação e o conhecimento tornaram-se o centro da nova sociedade, promovendo mudanças estruturais em toda a cultura, política e economia do mundo pós-industrial.

As alterações na sociedade também influenciaram as organizações e a gestão, principalmente devido à sua atuação em ambientes de grande instabilidade, o que as obriga a responder às expectativas do mercado e da sociedade. Alguns exemplos incluem a busca por maior qualidade nos processos e produtos, preços mais acessíveis, alternativas para novos hábitos de consumo e uma visão mais sustentável. Portanto, os gestores precisam buscar novos conhecimentos e inovações, não apenas para o crescimento, mas também para a sobrevivência das organizações.

A velocidade das mudanças tem impulsionado a capacidade criativa dos indivíduos, já que as demandas potencializam a criação e a geração de ideias, estimulando produtores e processos inovadores na sociedade. Portanto, gestores devem estar abertos para essa nova sociedade e buscar nas organizações um ambiente propício para que a criatividade possa prosperar. Essa habilidade tem sido considerada fundamental para o desenvolvimento

---

[1] Professor da Universidade Estadual da BAHIA – UNEB, Campus XII. Doutorando em Administração (UFBA). Mestre em Administração (UFES). Graduado em Administração (UESB). Pós-graduado em Design Thiking e Criatividade nas Organizações e Especialista em Educação Digital. E-mail: adllerchaves@uneb.br

social e tem tornado os seres humanos mais competentes em suas atividades. A criatividade auxilia a gestão em todas as áreas, não se restringindo apenas à geração de inovação, abrangendo desde o gerenciamento de pessoas até o gerenciamento de recursos.

De maneira central, é importante investigar por que o desenvolvimento da criatividade é uma habilidade primordial para gestores na sociedade pós-industrial. Como essa habilidade auxilia não apenas no processo de criação e inovação, mas também na gestão? Ela é parte das habilidades fundamentais dos bons gestores? O contexto organizacional atual demanda dos gestores a capacidade criativa? Estas são algumas das considerações e discussões abordadas nesta pesquisa, que se configura como um ensaio teórico.

A elaboração de ensaios teóricos é de grande importância para o entendimento das organizações e da Administração. Callahan (2014) afirma que em bons ensaios e revisões os autores devem se atentar para alguns preceitos. Este autor elenca cinco características básicas para se fazer uma boa revisão, o que denominou de cinco C: "concisão, clareza, criticidade, convincente e contributiva" (CALLAHAN, 2014, p. 272, tradução nossa). As revisões de literatura devem possuir síntese ampla da literatura do tema, a concisão, que será buscada a todo tempo no decorrer da pesquisa. Desta forma, os dados foram recolhidos de forma clara e rigorosa, privilegiando os bancos de dados Spell e Scielo por sua relevância na área. Além disso, utilizou-se a seleção bola de neve sugerida por Callahan (2014), que é uma técnica onde busca fontes em referências nos artigos de relevância da área (CALLAHAN, 2014).

Este capítulo está subdividido em dois tópicos além desta introdução. O primeiro discorrerá sobre as habilidades de gestão e empreendedorismo aplicados a criatividade e críticas sobre este processo, no segundo tópico, será apresentada a relevância do tema abordado para a sociedade atual com as considerações finais do autor.

ENTRE A CRIATIVIDADE E A GESTÃO

Por alguns séculos, a competição organizacional dependia da capacidade de lidar com os recursos que ela possuía ou adquiria, buscando melhores custos para atender as demandas do produto ou serviço. Entretanto, com a velocidade tecnológica e as rápidas transformações, exigiu-se dos gestores e diretores de empresas um maior potencial criativo que gere inovações úteis e eficientes nas organizações. Devido a isso, as organizações vivem um período de transição entre 1 foco nos processos operacionais para o foco nas pessoas e no conhecimento, pois isso gerará vantagem competitiva (ALVES FILHO; SILVA; MUZZIO, 2019).

Este processo exige reestruturações organizacionais e perpassa todos os *stakeholders*. Para isso, os perfis dos chefes e líderes da organização devem passar por alterações que os sensibilizem para novos comportamentos que gerem benefícios para as organizações. Neste contexto, Lipovetsky e Serroy (2015) afirmam que existe uma contradição entre a gestão tradicional e a criatividade, pois o foco dos gestores é a eficácia e rentabilidade econômica, já a criatividade demanda a liberdade criadora que diverge dos processos de racionalização e controle exercido pelo contexto organizacional.

GESTORES-EMPREENDEDORES: SERES CRIATIVOS?

As funções administrativas de planejamento, organização, comando e controle se consolidaram na Administração Moderna como funções básicas do administrador. Portanto, independentemente do nível organizacional, muitos acreditam que o administrador faz estas funções. Desde os estudos de Henri Fayol, no começo do século XX, o administrador tem seu trabalho sendo desenvolvido principalmente por esses princípios, apesar de alguns usarem siglas e palavras diferentes (DRUCKER, 2018; FILION, 1999).

Uma empresa de grande ou pequeno porte possui objetivos a serem alcançados e para atingi-los, por muitos anos, acreditou-se que era necessário planejamento, organização, direção e controle (PODC), visto que a empresa como um todo estará voltada para a realização de tarefas determinadas. A importância do PODC no gerenciamento foi evidente, visto que a sua utilização se dá no âmbito de grandes e pequenos negócios. Planejar visando o alcance de determinados objetivos, organizar e dirigir com o mesmo intuito e controlar os resultados para fazer necessários ajustes são fundamentais nas práticas de gerenciamento (FILION, 1999).

Nesse sentido, o gestor possui a função administrativa de planejar, organizar, dirigir e controlar a organização, mesmo que muitas vezes não perceba este fato. Destarte, deve-se ter o entendimento sobre o mercado, pois é um fator determinante no processo gerencial dos empreendedores, mesmo que seja algo imensurável (ALMEIDA; WERNKE, 2018). Conforme afirma Filion (1999, p. 9), "a forma como o empreendedor define seu setor de negócios tem uma diversidade de origens". Nesse contexto, a visão que é definida a partir do conhecimento sobre o setor a ser ocupado é caracterizada por um processo de identificar, entender, perceber, focalizar, imaginar e planejar. Alia-se a isso, entretanto, a instituição de métodos de trabalho para que a visão alcance seu objetivo final (FILION, 1999).

Diante de grandes mudanças ocorridas no cenário econômico e financeiro nos últimos tempos, é preciso que o gestor tenha a visão de empreendedor e fique por dentro das alterações sociais, seja dinâmico e criativo, desenvolvendo um planejamento estratégico capaz de tornar as deficiências da empresa em oportunidades, ou seja, gerar valor no que de melhor a empresa tem a oferecer, com estratégias voltadas para o foco do negócio que é o cliente ou usuário. Os gestores que fizerem apenas o PODC ficarão atrasados e o negócio pode ser prejudicado (PERUFO; GODOY, 2019).

O que é ser empreendedor e o que é ser gerente? O empreendedor é gerente? Gestão é empreender? As dúvidas enfatizam ideias sobre dois termos que, na maioria das vezes, são tratados como sinônimos. Apesar disso, essa discussão é antiga e tem bases em autores que discutiram logo após a Segunda Guerra Mundial como Schumpeter e Drucker. De acordo com Filion (2000), o gerenciamento é análise racional destinado a otimização de recursos e estruturas de trabalho, busca concretizar os objetivos e trazer resultados em um grande ou pequeno negócio. Portanto, gerenciar é a aplicação das funções administrativas de planejar, organizar, dirigir e controlar. Já o empreendedorismo, no entanto, versa sobre a habilidade de analisar o mercado e gerar inovações no setor de atuação, tendo como foco a imaginação e uma visão diferenciada e criativa. A forma como os empreendedores imaginam e criam suas oportunidades de negócios abrangem aspectos diferentes no contexto organizacional. Esse diferencial sobre a maneira como enxergam a criação de um negócio mostra como produtos inovadores entram no mercado, pautando-se na visão que o empreendedor tem, bem como no setor que ele possui mais conhecimento (FILION, 2000).

Existem algumas diferenças básicas entre empreendedores e gerentes. Entre elas, destaca-se a perspectiva deles sobre os objetivos, pois o gerente usa do planejamento, organização, direção e controle dando ênfase no processo para alcançar os objetivos organizacionais. Outra diferença é a educação gerencial e a educação empreendedora. Enquanto no gerenciamento o *know-how* abrange a gestão de recursos de um negócio utilizando o PODC, na empreendedora o *know-how* enfatiza a necessidade que o empreendedor tem de se colocar no mercado por meio da definição do contexto em que está inserido, bem como da identificação das oportunidades de negócios e seleção dos objetivos, aliado a criatividade para inovar. A vinculação do empreendedorismo e gerenciamento precisa de uma construção maior, principalmente quando se observa que o *know-how* que elas enfatizam são distintos (FILION, 2000).

Longenecker *et al.* (2018) afirmam que os empreendedores pensam de forma diferente sobre a utilização dos recursos se defrontado aos gerentes e os comparam a pilotos de aviões. Os autores afirmam que "um piloto de avião não só controla o avião durante a decolagem, mas também voa e aterrissa. Da mesma forma, os empreendedores não só lançam empresas, mas também "voam". Isto é, eles gerenciam a operação subsequente da sua empresa." (LONGENECKER *et al.*, 2018, p. 36). Destarte, existe uma vinculação relevante entre o gerenciamento e o empreendedorismo, mas deve-se reformular a formatação do gerenciamento com características do segundo. Percebe-se que em qualquer negócio é necessário ter uma visão sobre o contexto em que está inserido, objetivos que desejam alcançar e o que precisa para alcançá-los. Por essa razão, é necessário um gerenciamento pautado na melhoria dos processos, na perseguição dos objetivos e na adaptação às mudanças (FILION, 2000).

ORGANIZAÇÕES CRIATIVAS E O AMBIENTE CRIATIVO

A inovação gerencial perpassa de uma prática de gestão que gere ambientes para que a inovação aflore da coletividade e criem processos e técnicas novas visando chegar aos resultados previstos nos objetivos organizacionais. Para isto, os gestores devem conduzir o processo e observar que inovar é completo e dificultoso, pois emerge da subjetividade dos indivíduos e grupos. Dessa forma, é fundamental entender que a criatividade é servida e desenvolvida em ambientes favoráveis, principalmente aqueles que aceitam novas ideias e divergências. Portanto, empresas com culturas organizacionais regulamentadoras e fechadas, dificilmente germinarão criatividade (ALVES FILHO; SILVA; MUZZIO, 2019).

Revilla (2019, p. 151 *apud* AMABILE, 1988, p. 131) afirma que "habilidades relevantes para a criatividade incluem um estilo cognitivo favorável a encarar problemas sob uma nova perspectiva". Outro aspecto observado é que o ambiente organizacional deve fornecer aos indivíduos o desenvolvimento de habilidades relevantes para a criatividade como, por exemplo, equipes capazes de lidar com pensamentos divergentes que possuem caráter conciliadores. Este aspecto constrói dicotomias que o gestor pode explorar e alinhar em direção ao objetivo da organização. Uma das empresas consideradas mais inovadoras dos últimos tempos, a Nubank, tem mais de 80 áreas profissionais[2], favorecendo um ambiente diverso e dicotômico. Isto é conhecido como equipes ambidestras.

Existem ferramentas que podem estimular os colaboradores e a criatividade coletiva. Reville (2019) traz que o *brainstorming* tem sido amplamente difundido e aplicado em organizações, fazendo com que indivíduos gerem ideias e soluções para as organizações. Esta técnica é relevante para geração de ideias, apesar que, sem uma coesão e bom trabalho da equipe, não auxilia no processo de inovação na geração dos resultados.

Muzzio (2017) estudou sobre como a gestão do conhecimento auxilia o processo de inovação e percebeu a necessidade da realização de uma gestão da criatividade para que se favoreça a inovação. O autor afirma que

> Uma gestão eficiente tende a traduzir-se em resultados mais eficazes, o que também vale no processo produtivo baseado na criatividade. No entanto, essa gestão não deve ser uma reprodução do gerenciamento realizado em contextos tradicionais, pois as características apresentadas na literatura solidificam a visão de que o contexto criativo é dotado de condições específicas [...] (MUZZIO, 2017, p. 120).

Existe uma importância para que o ambiente organizacional tenha uma liberdade criadora e que os gestores saibam potencializar a utilização e os resultados dos processos criativos. Estes gestores devem permitir o clima e as práticas organizacionais, principalmente a desconstrução de bases tradicionais que repelem o processo criativo nas organizações (MUZZIO, 2017).

Alves Filho, Silva e Muzzio (2019) trazem que no ambiente propício a potencialização da criatividade, não se deve levar em consideração apenas as estruturas físicas, mas principalmente as relações interpessoais. Os autores afirmam que a interação dos indivíduos com pessoas de outras culturas tem sido um fator determinante para a inovação. Para isso, deve-se fazer uma reestruturação organizacional que incorpore a sensibilização dos indivíduos para novos comportamentos que resultem mudanças reais para a organização (ALVES FILHO; SILVA; MUZZIO, 2019).

---

[2] Disponível em: https://blog.nubank.com.br/curiosidades-nubank/. Acesso em: 15 jan. 2020.

ORGANIZAÇÕES CRIATIVAS E AS CRÍTICAS

A literatura discute amplamente o lado positivo de se trabalhar em organizações criativas e como isto auxilia no desenvolvimento social. Alves Filho, Silva e Muzzio (2019) ao analisar a literatura observaram que diversos autores estudam estes ambientes de forma crítica. Dentro destas críticas, muitos afirmam que estes ambientes exploram trabalhadores criativos e os compelem a uma dedicação excessiva e não há contrapartidas organizacionais para estes (ALVES FILHO; SILVA; MUZZIO, 2019).

A criatividade tem ocupado espaços importantes na literatura e prática organizacional. Segundo o ranking da Glassdoor[3], as melhores empresas para se trabalhar são empresas que potencializam a criatividade dos indivíduos. Exemplo desse tipo de empresa é o Google e sua cultura de criatividade. Casaqui e Riegel (2010, p. 168-169) afirmam que

> Na estratégia de visibilidade do Google, o ambiente de trabalho que estimula a criatividade é o grande destaque. São lugares de design inusitado, que quebram expectativas e surpreendem, se comparados ao que seria um ambiente corporativo tradicional, com todas as suas conotações históricas. No espírito do sistema de produção contemporâneo, regido pela ditadura do novo (LIPOVETSKY, 1989), o trabalho se ajusta a suprir os quereres do consumidor "que procura sensações e coleciona experiências" (BAUMAN, 2001, p. 161). Nesse sentido, a criatividade também é mercadoria a ser consumida por um público que utiliza os serviços do Google e sonha em fazer parte de seu time de colaboradores.

A criatividade no Google está ligada à formatação do ambiente de trabalho e a própria estratégia metodológica que transborda para a sociedade (CASAQUI; RIEGEL, 2010). Apesar disso, esta criatividade pode ter caráter alienante. Amorim e Frederico (2008) afirmam que as empresas inovaram em processos e métodos para conseguir maior produtividade e competitividade alterando o capitalismo para um contexto em que pode gerar o monopólio de conhecimento. Para estes autores as organizações e os profissionais são estimulados a criarem ambientes criativos e inovadores desconsiderando que as formas de controles passaram por alterações sobre

---

[3] Glassdoor.com é um site em que os funcionários atuais e ex-funcionários analisam anonimamente as empresas. O Glassdoor também permite que os usuários enviem e visualizem anonimamente salários, além de pesquisarem e se candidatarem a empregos em sua plataforma.

a força de trabalho e podem sequestrar a subjetividade[4] de indivíduos, que é onde desenvolvem a criatividade (AMORIM; FREDERICO, 2008). Muzzio (2017) apesar de tratar em seu estudo a importância de uma gestão da criatividade visando a efetividade, não exclui que existem gestões de processos criativos que manipulam o trabalhador.

Revilla (2019) analisando aspectos da criatividade observou que empresas como a Apple e a IDEO promovem grupos de *brainstorming* para incentivar e acessar a criatividade coletiva, mas os resultados não têm sido práticos. Outros problemas observados por ela foi que a utilização de incentivos extrínsecos (recompensas, por exemplo) para impulsionar a criatividade são prejudiciais aos processos criativos.

REPENSAR A GESTÃO PARA A CRIATIVIDADE ACONTECER

Pensando sobre esses problemas relacionado a criatividade e a gestão, é importante repensar a gestão. A análise ortodoxa da gestão é predominantemente influenciada pelas ideias clássicas de autores como Taylor e Fayol, os quais concebem a gestão como um conjunto de técnicas para alcançar resultados. Em algumas partes deste capítulo, como na seção 2.1 vimos e discutimos a partir dessas ideias. Essa perspectiva é difundida por estruturas organizacionais, meios de comunicação empresarial, escolas de administração e grande parte da literatura dedicada a esse assunto. No entanto, é crucial reconhecer que a gestão possui dimensões ideológicas e políticas que remontam às suas formas mais antigas, funcionando como um mecanismo de exercício de poder. Portanto, os estudos e as discussões nessa área devem abranger esses diversos elementos que constituem as relações na gestão, evitando assim reproduzir uma visão fragmentada, desatualizada e acrítica da administração (SANTOS, 2017). Para a criatividade ser um instrumento valioso e não alienante, temos que repensar a gestão.

Ao repensar a gestão, a própria origem e etimologia da palavra tem gerado discussões. Embora recentemente o termo "gestão" tenha sido utilizado de maneira bastante próxima ao conceito de "gerencialismo", e por vezes até como sinônimos, essa interpretação não captura adequadamente o verdadeiro sentido e significado da palavra. O termo "gestão" deriva do

---

[4] O sequestro da subjetividade é o processo que passa o trabalhador que é identificado totalmente com a empresa e age empregando mais que sua força de trabalho. O sequestro da subjetividade é a forma mais sutil de controle das organizações sobre seus trabalhadores e é planejada e executada por meio de programas diversos (FARIA; MENEGHETTI, 2007).

verbo latino "gestus", que carrega a ideia de criar algo, de dar origem. Veja que a criatividade está dentro deste contexto. No entanto, ao longo do tempo, a palavra "gestão" tem sido associada ao controle, em parte devido à etimologia da palavra inglesa "management". Num desenvolvimento etimológico histórico, essa palavra tem incorporado noções que remontam à habilidade de domar cavalos e, nos dias atuais, está relacionada à direção e controle de pessoas. Portanto, gerir envolve mais do que simplesmente conduzir negócios e competir em mercados, como também é evidente na própria etimologia e evolução do termo "gestão" (PAULA; SOUZA, 2019).

O trabalho de Lapierre (2005) é importante demais, porque trata o ato de gerir é uma atividade de criação a partir de situações complexas e problemas que desafiam o gestor a pensar e novas soluções e saídas. Para este autor, deve se existir uma não universalização de conhecimentos científicos no que se refere a gestão. Gerir é algo que o ser humano aprende no dia a dia e "devemos estar sempre vigilantes para oportunizar um espaço maior para o bom senso, para o julgamento e para a criação" (LAPIERRE, 2005, p. 113).

Aprofundando a temática, Paula e Souza (2019) abordam a gestão de forma dialógica, em que a dialogicidade é o principal instrumento de gestão. Fomentar reflexões sobre a relevância do diálogo nas ciências administrativas é de suma importância, pois além de aprofundar o conhecimento dos gestores, também estimula a aplicação do diálogo na gestão de maneira mais eficaz. Embora o termo "gestão da dialogicidade" possa soar novo, as palavras "diálogo" e "dialogia" não são estranhas no âmbito da administração, ainda que poucos recorram a essa abordagem gerencial, muitas vezes devido à crença equivocada de que outros métodos possam ser mais eficazes (PAULA; SOUZA, 2019). Assim, a criatividade é um processo que necessita dialogicidade e um ambiente que seja também assim.

Uma boa gestão pode ser vista como um processo dinâmico que ressalta a essência e o desenvolvimento da dialética, o que implica que os gestores devem ser incentivados a enfrentar conflitos por meio do diálogo, em vez de evitá-los. Os princípios fundamentais da comunicação buscam criar um ambiente de troca e diálogo, promovendo colaboração e criatividade. Eles não se limitam a instruções formais e vazias, mas fornecem passos para cultivar o interesse em aprimorar a expressão no ambiente de trabalho (PAULA; SOUZA, 2019).

CONSIDERAÇÕES FINAIS

A Sociedade Pós-industrial trouxe alterações em todos os aspectos sociais e entre estes, o ambiente organizacional foi fortemente afetado. As mudanças tecnológicas e a importância que a informação e indivíduos passaram a ter exigiram novas habilidades dos administradores. Administrar e gerenciar por muitos anos foram sinônimos da execução do PODC, mas hoje em dia outras habilidades fazem parte dessa atividade. Entre estas habilidades, a criatividade exerce um destaque na mídia e nas discussões sociais e acadêmicas. Alguns termos, empreendedor, por exemplo, já possui uma associação a ideia da inovação, mas a gestão é mais que empreendedorismo ou similares.

As alterações que este processo ocasiona faz uma pressão para reestruturações das organizações que perpassam os perfis dos gestores, chegando no ambiente como um todo e na participação dos *stakeholders*. Entretanto, a construção de organizações criativas valoriza uma liberdade criativa que vai de encontro a racionalização e controle excessivos, compostos utilizados na maioria das organizações, demonstrando que a inserção da criatividade é uma situação paradoxal no contexto organizacional ortodoxo. Além disso, a criatividade pode ser uma ferramenta usada para alienação dos colaboradores, tendo potencial para o sequestro da subjetividade de indivíduos e grupos de trabalhadores.

Embora a gestão deva ser um tema constantemente debatido no campo dos estudos organizacionais, é evidente que isso não tem sido uma prioridade para pesquisadores nos últimos anos. Isso pode ser resultado da ampla gama de tópicos disponíveis na área da administração ou talvez seja devido à percepção de uma relação quase automática entre gestão e gerencialismo. O estudo da gestão precisa ser revitalizado, visto que é um campo rico que merece exploração, especialmente com as transformações recentes no mercado e na sociedade. Embora algumas correntes não deem o devido valor ao tema da gestão como objeto de estudo, é responsabilidade do Administrador compreender de que maneira pode desempenhar suas funções com profissionalismo e "novas habilidades", como a criatividade.

Portanto, pesquisar sobre a criatividade gerou diversas reflexões. Cabe-se ressaltar que a criatividade é um tema relativamente novo em estudos organizacionais brasileiros. Por fim, é importante afirmar que a pesquisa teve como delimitação ser um ensaio teórico e não foi colocado em prática ainda, algo que deve ser feito na área da Administração.

REFERÊNCIAS

AMORIM, M. C. S.; FREDERICO, R. Criatividade, inovação e controle nas organizações. **Revista de Ciências Humanas**, Florianópolis, v. 42, n. 1 e 2, p. 75-89, 2008.

ALMEIDA, I. X; WERNKE, R. Estilos gerenciais dos dirigentes de pequenas empresas: estudo baseado no ciclo de vida organizacional. **REGEPE** – Revista de Empreendedorismo e Gestão de Pequenas Empresas, São Paulo, v. 7, n. 3, p. 110-140, 2018.

ALVES FILHO, L. da C.; SILVA, A. B. da; MUZZIO, H. Criatividade e Desenvolvimento de Competências Gerenciais em Empresas de Base Tecnológica. **Revista Economia & Gestão**, João Pessoa, v. 19, n. 52, p. 24-42, 2019.

BELL, D. **O advento da sociedade pós-industrial:** uma tentativa de previsão social. São Paulo: Cultrix, 1977.

CALLAHAN, J. L. Writing Literature Reviews A Reprise and Update. **Human Resource Development Review**, Londres, v. 13, n. 3, p. 271-275, 2014.

CASAQUI, V.; RIEGEL, V. Google e o consumo simbólico do trabalho criativo. **Comunicação Mídia e Consumo**, São Paulo, v. 6, n. 17, p. 161-180, 2010.

DRUCKER, P. F. **Introdução a Administração.** São Paulo: Cengage, 2018. 704p.

FARIA, J. H. de; MENEGHETTI, F. K. O Sequestro da Subjetividade. *In*: FARIA, J. H. **Análise crítica das teorias e práticas organizacionais**. São Paulo: Atlas, 2007. p. 45-67.

FILION, L. J. Diferenças entre sistemas gerenciais de empreendedores e operadores de pequenos negócios. **RAE** – Revista de Administração de Empresas, São Paulo, v. 39, n. 4, p. 6-20, 1999.

FILION, L. J. Empreendedorismo e Gerenciamento: processos distintos, porém complementares. **RAE** – Revista de Administração de Empresas/EAESP/FGV, São Paulo, v. 7, n. 3, p. 2-7, 2000.

LAPIERRE, L. Gerir é criar. **Revista de administração de empresas**, São Paulo, v. 45, p. 108-117, 2005.

LIPOVETSKY, G.; SERROY, J. **A estetização do mundo**: viver na era do capitalismo artista. São Paulo: Editora Companhia das Letras, 2015.

LONGENECKER, J. G. *et al.* **Administração de pequenas empresas:** lançando e desenvolvendo iniciativas empreendedoras. São Paulo, SP: Cengage, 2018.

MUZZIO, H. Indivíduo, liderança e cultura: Evidências de uma gestão da criatividade. **RAC** – Revista de Administração Contemporânea, Curitiba, v. 21, n. 1, p. 107-124, 2017.

PAULA, A. P. P. de; SOUZA, M. M. P. de. **Gestão dialógica e tecnologias colaborativas.** Curitiba: Editora Appris, 2019.

PERUFO, L. D.; GODOY, L. P. Mortalidade de microempresas: um estudo de campo realizado com microempresários da região centro do estado do rio grande do sul. **Revista PRETEXTO**, Belo Horizonte, v. 20, n. 1, p. 11-27, 2019.

REVILLA, E. O dilema da criatividade. **RAE** – Revista de Administração de Empresas, São Paulo, v. 59, n. 2, p. 149-153, 2019.

SANTOS, Elinaldo L. O campo científico da administração: uma análise a partir do círculo das matrizes teóricas. **Cadernos Ebape. Br**, Rio de Janeiro, v. 15, p. 209-228, 2017.

ESTILOS DE LIDERANÇA UM ESTUDO COMPARATIVO DOS MODELOS APLICADOS ÀS BORRACHARIAS

Jane Kelly N. P. Guimarães[1]
Fabrício Lopes Rodrigues[1]

INTRODUÇÃO

A desigualdade entre os gêneros faz parte da estrutura de diferentes sociedades, fruto de uma construção histórica na qual as mulheres foram situadas em posição inferior aos homens. Há algum tempo muitas organizações sofrem mudanças no que se refere a emprego e inserção da mulher no mercado de trabalho, de modo que abriu espaço para diversos questionamentos em relação à sua posição, identidade e suposta fragilidade a depender de cargos ocupados.

Atualmente, o gênero feminino ganhou destaque em diferentes áreas, fato que anunciou e confirmou a mudança na relação da inserção do gênero feminino ao que se refere à liderança de organizações. Trata-se de um tema de grande relevância para a administração e as organizações, pois este se faz presente em variadas discussões na sociedade, pois de acordo Chiavenato (2010) não basta contar com colaboradores qualificados apenas tecnicamente, e sim qualificados emocionalmente para que o desempenho de suas atividades seja positivo.

O presente estudo é justificado pela necessidade de analisar que a igualdade de gênero não significa que mulheres e homens necessitem ser idênticos, porém é preciso que seus direitos, responsabilidade e oportunidades, principalmente no mercado de trabalho não dependam exclusivamente pelo fato de terem nascido com sexo biológico feminino ou masculino.

Nesse sentido surge o seguinte questionamento: existe um estilo de liderança que possa ser associado à diferença de gênero nas empresas de borracharias na maioria das vezes lideradas por homens? Para responder

---

[1] Professores do curso de Administração do DEDC – *Campus* XII da Universidade do Estado da Bahia. E-mail: jguimaraes@uneb.br

a esse questionamento o presente estudo possui como objetivo principal identificar os estilos de liderança relacionados à diferença de gênero nas organizações do ramo de borracharia no município de Caetité-Ba. E respectivamente traz a necessidade de investigar qual a importância das lideranças dentro das organizações, suas qualidades e características; identificar as principais qualidades dos gestores; avaliar os estilos de liderança que proporcionam os melhores resultados.

De acordo com a JUCEB (2018) o município contém 10 empresas no seguimento de venda de pneus e serviço de borracharia. Dentre as empresas existentes, algumas são lideradas por homens, outras por mulheres. Diante desse cenário, investiga-se se há diferença de modelos ou estilos de liderança entre os gêneros nesse ramo.

Dessa forma, é possível analisar se o estilo de liderança adotado nas organizações do seguimento citado se difere em decorrência do gênero, uma vez que a divergência em relação ao gênero, parte do pressuposto que homens e mulheres se diferem certamente, até mesmo no que se refere a sua cultura, gostos, imagem e idade. Outro ponto que também os tornam diferentes é em relação à aparência, que faz com que estes ocupem funções distintas em decorrência do contexto significativo.

Entretanto, mesmo diante das diversidades os gêneros se assemelham em um aspecto: "pertence à mesma espécie humana". Contudo, não se pode sustentar a tese de que são iguais, uma vez que suas atitudes, comportamentos e habilidades significam que lenda fundamentada pela sociedade (ANCA; VÁZQUEZ; VEGA, 2005; CASAGRANDE *et al.*, 2011, p. 59).

Mesmo diante desses conceitos, e com a inserção das mulheres no mercado de trabalho, funções desenvolvidas para o estereótipo masculino constroem barreiras para que seja possível a ascensão feminina nesses mesmos cargos, principalmente aos voltados para liderança e cargos de poder. Sendo assim, ressalta-se que o papel de liderança é bastante ocupado pelos homens, e faz com que estes se tornem mais valorizados do que as mulheres no ambiente de trabalho, e assim a desigualdade é gerada em relação a cargos de poder e prestígios (SANTOS; ANTUNES, 2013).

REFERENCIAL TEÓRICO

LIDERANÇA

Liderança nada mais é do que a capacidade de influenciar um conjunto de pessoas para alcançar metas e objetivos. Sua influência pode ter origem formal igualmente para um cargo de direção em uma organização. Entretanto vale ressaltar que nem todos os líderes são considerados como administradores, de modo que nem todos os administradores são líderes (ROBBINS *et al.*, 2010).

Portanto a palavra liderança reflete conceitos distintos para diferentes pessoas, de modo que sua definição parte de uma perspectiva individual, ressaltando aquele aspecto do fenômeno que lhes pareça mais significativo (BERGAMINI, 1994).

A liderança possui um papel fundamental nas empresas, no qual sua função é a de identificar boas ideias, criar oportunidades e enfrentar as dificuldades aparentes, até alcançar o seu objetivo. Outro ponto importante se refere quanto à visão que o líder possui diante da mudança, que deve ser compartilhada claramente com todos os níveis da organização para que todos possam agir de forma com que as ações ocorram no rumo certo (ARRUDA *et al.*, 2010; IVAN; TERRA, 2017).

Para Silva *et al.* (2011) um bom líder reconhece as contribuições individuais, celebra as realizações da equipe, preserva a organização motivada a todo momento no processo de mudança. Sendo assim os líderes são vistos como facilitadores para a resolução dos problemas, e assim possuem a confiança de seus liderados e são admirados, para que diante das transformações que se deparam, tenham a consciência e comprometimento, para que não exista resistência individual ou coletiva dos seus subordinados.

O estilo de liderança praticado pelo líder estimula e facilita o andamento e a conclusão das atividades, no qual é capaz de criar ambiente propício ao comprometimento e desenvolvimento individual dos membros da organização (ACIOLY, 2006).

Para a administração a liderança se tornou essencial papel dentro das organizações, uma vez que os líderes são capazes de representar eficácia da equipe e da empresa. Sendo assim, para analisar a evolução do pensamento voltado para os líderes algumas teorias e abordagens são utilizadas, como mostra o Quadro 1.

Quadro 1 – Principais abordagens da liderança

Abordagens da personalidade	Abordagem comportamental
Abordagem situacional	Abordagem contingencial
Abordagem transacional	Abordagem transformacional

Fonte: adaptado de Pedruzzi Junior *et al.* (2014)

Quanto aos estilos de liderança estes podem se apresentar em diferentes tipos, tais como: autocrático, participativo, democrático e *laissez-faire*. O estilo autocrático se refere ao líder que transmite aos funcionários o que deve ser feito e eles o obedecem. No estilo participativo os liderados participam na tomada de decisões, contudo é ao líder que decide qual ideia a ser seguida. Já o líder democrático tenta ir ao encontro dos interesses da sua equipe, tornando esse estilo o melhor em relação aos altos níveis de produtividade. Por fim a liderança *laissez-faire*, os colaboradores possuem autonomia para tomar as suas próprias decisões, não havendo envolvimento por parte do líder no trabalho realizado (SANTOS, 2012).

Teorias da liderança

Teoria dos traços da personalidade

É classificada como teoria que busca identificar qualidades e características pessoais que diferenciam líderes de não líderes. Os traços de personalidade podem auxiliar na identificação da liderança, e assim funcionam melhor para prever o surgimento da liderança do que para distinguir entre líderes eficazes ou não (ROBBINS *et al.*, 2010).

Iniciou-se a partir dos primeiros estudos a respeito de liderança, com o intuito de identificar características mentais, culturais e físicas dos indivíduos, sendo dividida em teoria dos traços e teoria da personalidade. Assim a teoria era utilizada tornar apto ou não o indivíduo a conduzir seus subordinados ao que se refere à execução de tarefas (PEDRUZZI JUNIOR *et al.*, 2014).

Contudo, apenas o fato de o indivíduo demostrar determinados traços e assim ser considerado líder pelos demais membros da equipe, não significa que este será bem-sucedido em liderar um grupo almejando os objetivos (ROBBINS *et al.*, 2010).

Ainda de acordo autor supracitado a amabilidade, estabilidade, consciensiosidade e abertura para novas experiências são fatores associados à liderança, entretanto a extroversão se destaca como fator primordial para ser líder, uma vez que os líderes que gostam de estar rodeados de pessoas são extrovertidos, e assim mantem os compromissos assumidos levam vantagens, pois esses são os traços eficazes de fato que um líder deve ter.

Entretanto com o passar dos anos, esse tipo de teoria se tornou ineficaz referente às combinações das características de liderança, e assim a ausência destas impediu a identificação consistente dos líderes, tornando-a falha e inutilizável (PEDRUZZI JUNIOR *et al.*, 2014).

Teorias comportamentais

Trata-se de teorias que propõem que os comportamentos específicos diferenciam os líderes dos não líderes. As primeiras pesquisas para essa teoria tiveram início em 1940 com o objetivo de identificar dimensões independentes do comportamento do líder. Existem duas categorias que são capazes de identificar essas dimensões, são elas: estrutura de iniciação e consideração (ROBBINS *et al.*, 2010).

Essa teoria enfatiza o que o líder faz, e não aquilo que o líder é ou representa à organização, portanto essa teoria se baseia no papel que o indivíduo desempenha no local em que atua. Assim, o comportamento de qualquer líder pode ser aprendido por meio de aulas e treinamentos (CHAM-POUX, 2011; RODRIGUES *et al.*, 2013).

De acordo com os achados de Gonçalves (2006) esse tipo de teoria influencia na liderança do indivíduo uma vez que ele aprende a liderança que a organização exige, tornando-o eficaz de acordo as regras exigidas.

A teoria comportamental teve como premissa a ideia de que comportamentos do líder poderiam influenciar a liderança e, nessa linha, os pesquisadores procuraram isolar os comportamentos que supostamente poderiam contribuir para que os líderes fossem eficazes. A atenção que antes era dada ao que o líder era foi deslocada para determinar aquilo que ele fazia.

Estrutura de iniciação nada mais é do que grau em que um líder é capaz de definir e estruturar seu próprio papel, assim como dos funcionários em busca do alcance dos objetivos, ou seja, o líder deve delegar tarefas e função específica a cada membro da equipe de trabalho (ROBBINS *et al.*, 2010).

Iniciação trata-se do grau em que uma pessoa é capaz de manter relacionamentos de trabalho caracterizados por confiança mútua, assim como respeitar as ideias dos funcionários e ter cuidados com seus sentimentos (ROBBINS *et al.*, 2010).

Teoria contingencial ou situacional

A teoria que sustenta que os grupos eficazes dependem da adequação entre o estilo do líder na interação com os subordinados e o grau de controle e influência que a situação lhe proporciona. Dentro dessa teoria, há 04 formas distintas que buscam identificar as situações que indicam a liderança: modelo de contingência de Fiedler, teoria situacional de Hersey e Blanchard, teoria do caminho-meta de House e por fim participação e liderança de Vroom e Yetton (ROBBINS *et al.*, 2010).

De acordo autor supracitado, o modelo de contingência de Fiedler propõe que a eficácia do desempenho do grupo depende da adequação entre o estilo do líder e o grau de controle que a situação lhe proporciona, ou seja, Fiedler acredita que o fator essencial para o sucesso é o estilo básico de liderança de cada indivíduo. Com isso ele elaborou um questionário do colega de quem menos gosto com o intuito de identificar se uma pessoa é orientada para as tarefas ou para os relacionamentos. Assim após a avaliação do estilo de liderança por meio do questionário é necessário adequar a pessoa à situação por meio de três dimensões contingenciais que determinam a eficácia da liderança: relação líder-liderado, estrutura da tarefa e poder da posição.

Desse modo, Gonçalves (2006) descreve esse tipo de liderança como aquele que é focalizada dentro do contexto que ela ocorre, ou seja, considera os impactos da atuação do líder, dos seus subordinados, das tarefas destinadas e da empresa que atua.

Assim sendo, essa teoria contempla o papel do líder ao que se refere a autoridade a natureza do seu trabalho, logo, o modelo de participação e liderança relaciona o comportamento de liderança com a participação dos liderados no processo decisório, de modo que o comportamento do líder deve se ajustar à estrutura da tarefa (BASTOS, 2013).

A teoria situacional reconhece a importância dos seguidores e baseia-se na lógica de que os líderes podem compensar suas limitações de habilidade e motivação. A teoria do caminho-meta de House diz que a função do líder é ajudar os subordinados a alcançarem suas metas, fornecendo informações apoio ou outros recursos necessários para tal fato, ou seja, um líder deverá ser diretivo ou apoiador, ou por fim apresentar outro comportamento a depender da situação.

Teoria de troca entre líder e liderados

Esse tipo de teoria com o passar dos tempos produziu amplo e rico conjunto de pesquisas por meio de exames das diferenças posturais dos líderes. Inicialmente foi utilizada na década de 1970 por Dansereau e Graen, e assim estes propuseram que o gerente de uma organização é capaz de estabelecer interações diferenciadas de forma individualizada com cada um de seus subordinados (AMARAL, 2007).

Essa teoria traz como argumento que por conta da pressão do tempo, os líderes estabelecem um relacionamento especial com um pequeno grupo de liderados, de forma que os grupos de dentro possuem total confiança e assim recebem atenção desproporcional do líder e costumam serem alvos de privilégios especiais, e assim os membros de fora recebem menos tempo de se líder e menos recompensa controladas por ele, no qual seu relaciona-mento se baseia nas interações formais de autoridade (ROBBINS *et al.*, 2010).

Assim, a literatura enfatiza que os líderes diante essa teoria criem os grupos de dentro e grupos de fora. Os de dentro ganham toda confiança além dos privilégios de seu superior, já os que pertencem ao grupo de fora ganham menos tempo disponível de seus líderes, assim como menor recompensa e interação apenas na formalidade. Dessa forma, pressupõe-se que os funcionários escolhidos para participar do grupo interno se dão em decorrência de semelhança de pensamentos e atitudes com o líder, logo as características dos liderados é que se tornam responsáveis pelas escolhas e destinação de qual grupo cada funcionário irá participar (BRANT, 2012).

ESTILOS DE LIDERANÇA

Liderança orientada para tarefa

Autocracia, liderança diretiva e liderança orientada para a tarefa são os nomes mais comuns para indicar os estilos em que o poder de tomar decisões está no concentrado no líder, como mostra o gráfico 1.

Gráfico 1 – Características da liderança orientada para a tarefa

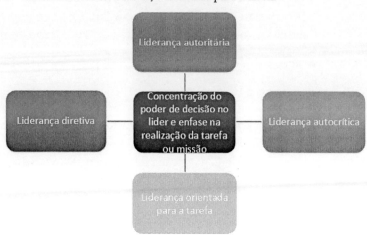

Fonte: adaptado de Maximiano (2004)

Um líder autocrático é aquele que toma as decisões sem consultar sua equipe, está mais preocupado com a tarefa do que com o grupo que a executa, concentra sua atenção apenas no desempenho do funcionário ou grupo enfatizando o cumprimento de prazos, os padrões de qualidade e a economia de custos, entre outros (MAXIMIANO, 2004).

Liderança para as pessoas

Para Maximiano (2004) democracia, liderança participativa e liderança orientada para as pessoas são nomes que indicam algum grau de participação dos funcionários no poder do chefe ou em suas decisões. Quanto mais as decisões do líder forem influenciadas pelo grupo, mais democrático é o comportamento do líder, como visto no gráfico 2.

Um líder democrático é aquele que acredita que deve um clima em que as pessoas se sintam confortáveis, além de focalizar sua atenção no próprio funcionário ou em sua equipe, enfatizando as relações humanas, e o desenvolvimento da capacidade de trabalhar em equipe.

De acordo autor supracitado, o líder democrático ainda pede opiniões ou sugestões de decisões, ouve, presta atenção e usa as ideias do grupo. Esse líder ainda é capaz de dedicar parte significativa do seu tempo à orientação dos integrantes da equipe, assim ele apoia e defende os funcionários (MAXIMIANO, 2004).

Gráfico 2 – Características da liderança orientada para as pessoas

Liderança consultiva

Liderança democrática

Participação dos liderados no poder de decisão e ênfase na equipe

Liderança participativa

Liderança orientada para as pessoas

Fonte: adaptado de Maximiano (2004)

A régua da liderança

Autocracia ou liderança orientada para a tarefa e democracia ou liderança orientada para as pessoas são dois estilos básicos, que se desdobram em outros. Essa ideia de que os dois estilos básicos podem variar para mais ou para menos, e desdobrar-se em outros, também é antiga. Tannenbaum e Schmidt desenvolveram a ideia de uma escala ou régua dos estilos de liderança, para explicar como isso ocorre. O modelo da régua pode ser visto no Gráfico 3 (MAXIMIANO, 2004).

Gráfico 3 – Régua da liderança

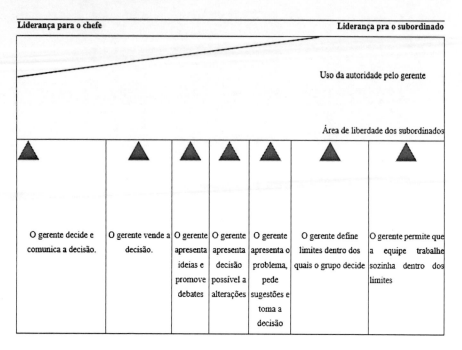

Fonte: adaptado de Maximiano (2004)

Nessa régua a autoridade dos gerentes e autonomia dos liderados se combina. Conforme a autoridade do gerente aumenta, a autonomia dos liderados diminui. Assim o grau de autocracia aumenta. No momento em que o contrário acontece o grau de democracia aumenta.

Liderança bidimensional

A liderança orientada para a tarefa e a liderança orientada para as pessoas, assim como a autocracia e a democracia, durante muito tempo fora considerada estilos opostos. A mais avançada ideia a respeito da liderança reconhece que os dois estilos não são mutuamente exclusivos, ou ideias em conflito, ou seja, se há um estilo de liderança, certamente não poderá haver outro (MAXIMIANO, 2004).

Essa afirmação não procede, uma vez que é possível combinar diversos graus de autocracia e democracia na maneira de lidar com os funcionários e equipes. O estilo tarefa e o estilo pessoas não são pontos opostos de uma mesma régua, mas duas réguas que se combinam e formam os limites de um território. Essa idade permite identificar pelo menos quatro estilos básicos de liderança. De acordo com essa ideia o líder pode dar pouca ou muita ênfase para a tarefa e ao mesmo tempo para as pessoas.

Gráfico 4 – Liderança orientada para as pessoas

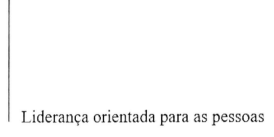

Fonte: adaptado de Maximiano (2004)

RELAÇÕES NO MERCADO DE TRABALHO

Por muitos anos a mulher exercia apenas as atividades voltadas para a família e para o lar, uma vez que ela deveria cuidar dos filhos, esposo e das atividades domésticas. A partir da industrialização no século XIX as mulheres deram início ao questionamento quanto à soberania ligada ao gênero masculino, e desde então o gênero feminino continua lutando a fim de derrubar as barreiras estabelecidas entre os gêneros (CANABARRO, 2015).

A inserção feminina no mercado de trabalho ocorreu durante a I e II Guerra Mundial, uma vez que os homens tiverem que abandonar seus postos trabalhistas para batalhar em prol de seu país, logo as indústrias fizeram uso das mulheres por se tratar das únicas disponíveis para o cargo. Com o fim das guerras, inúmeros homens não retornaram a seus postos, deixando ainda mais espaço para que as mulheres dessem sequência aos serviços que prestara (CAGGY *et al.*, 2014).

Com o passar dos anos, a mulher adquiriu maior autonomia, fato esse importante quanto à redução das desigualdades de gênero no mercado de trabalho. O termo autonomia se refere ao exercício do trabalho, relacionado a decisão de sua própria vida, fazendo com que paradigmas de exploração e dependência tenham sido quebrados (BRASIL, 2008).

A sociedade moderna integrou o trabalho feminino remunerado como uma divisão sexual, sendo definida como horizontal e vertical. Assim, a divisão horizontal se refere ao fato de as mulheres direcionarem sua concentração em um setor específico, com atividades voltadas culturalmente para as mulheres (OLIVEIRA, 2015).

Em relação à divisão vertical, as mulheres se encontram em desvantagem se comparadas aos homens ao que se refere à remuneração, cargos, condições de trabalho, ou seja, se torna nítido a desigualdade em termos de oportunidades e promoções de cargos, no qual a grande maioria se dá apenas para o público masculino (OLIVEIRA, 2015).

Nesse sentido, o cargo de liderança vem ganhando destaque nas organizações, e para muitas não importa o gênero do seu líder, o que importa é a capacidade dele em liderar e assumir as responsabilidades que o cargo exige.

Segundo Canabarro (2015) a liderança é considerada uma habilidade que o indivíduo possui em influenciar as pessoas a desenvolverem suas atividades laborais com entusiasmo para que os objetivos e metas em comum sejam atingidos.

De acordo com achados na literatura, a liderança feminina é desenvolvida por um estilo mais burocrático, no qual elas encorajam seus funcionários a participar de forma mais efetiva dos objetivos da empresa. Já a liderança masculina apresenta o estilo autoritário centrado nas tarefas a serem obedecidas por seus subordinados (SILVA, 2000 *apud* CANABARRO, 2015).

MASCULINIDADE E FEMINILIDADE

Os homens e as mulheres apresentam diferenças biológicas, físicas, psicológicas além de desenvolver mecanismos com funcionamentos distintos. No que se refere às relações sociais, cada indivíduo se constrói como masculino e feminino, assim se arranja ou desarranja seu lugar na sociedade (SANTOS, 2010; NATIVIDADE *et al.*, 2014).

Relacionar as divergências biológicas entre mulher e homem se torna comum, porém é necessário ir mais além para tentar compreender as verdadeiras implicações que envolvem a diferença social, e estabelecer os reais motivos e intenções da desigualdade sociais entre os sexo e gêneros (NATT; CARRIERI, 2016).

Dentre os inúmeros ambientes existentes, tudo que se refere ao mundo feminino de certa forma acarreta julgamento e em segregação. Ainda se vê as organizações familiares predominando o modelo masculino de regras, aquele em que a mulher está ali para obedecer e servir a todos. Muitas famílias já mudaram essa forma de pensar e viver, e isso provam que a mulher com o passar do tempo aumenta consideravelmente sua posição no mercado de trabalho e se afasta do modelo ultrapassado de viver apenas para o lar (CARRIERI *et al.*, 2013).

Diante esse cenário, homens e mulheres fazem suas escolhas associadas aos hábitos feminino e masculino, o que explica algumas características divergentes entre si, como mostra o Quadro 2.

Quadro 2 – Escolhas associadas à feminilidade e masculinidade

POLO FEMININO	POLO MASCULINO
A hierarquia: ter boas relações de trabalho com a sua chefia direta.	A remuneração: poder obter um salário elevado.
A zona onde vive: viver num meio agradável para si próprio e para a família.	Ser reconhecido: ter a possibilidade de ascender a funções superiores.
A cooperação: trabalhar num clima de cooperação.	Promoção: ter a possibilidade de ascender a funções superiores
A segurança de emprego: ter a segurança de trabalhar na mesma empresa tanto tempo quanto desejamos	O desafio: fazer um trabalho estimulante que proporcione um sentimento de realização pessoal

Fonte: adaptado de Bastos (2013)

Assim, as diferenças entre os homens e as mulheres não se limitam apenas às diferenças biológicas e fisiológicas, mas se diferenciam principalmente ao que cada um é destinado a cumprir, ou seja, se baseia no papel que cada um necessita desempenhar a partir do sexo feminino ou masculino (NATT; CARRIERI, 2016).

MATERIAIS E MÉTODOS

O presente artigo trata-se de uma pesquisa descritiva com abordagem qualitativa e quantitativa realizada por meio de uma pesquisa de campo por meio da aplicação de um questionário individual para coleta de dados.

Descritiva porque investiga, analisa e por fim descreve cenário e sujeito. "As pesquisas descritivas têm como objetivo primordial a descrição das características de determinada população ou fenômeno ou, então, o estabelecimento de relações entre variáveis" (GIL, 2007, p. 42).

Tem abordagem quantitativa porque é especialmente projetada para gerar medidas precisas e confiáveis por meio de análise estatística. Já o corte transversal ocorrerá em um único momento, a partir de uma amostra de pessoas expostas a determinado fator (GIL, 2010).

E traz também a abordagem qualitativa porque analisa os fenômenos a partir de uma abordagem centrada num paradigma compreensivo do fenômeno. Nesse sentido, a pesquisa revela os aspectos que nem sempre se manifestam de maneira visível aos olhos do homem, mas que está presente e interfere na configuração dos fenômenos (BASTOS; FERREIRA, 2016).

O instrumento de pesquisa utilizado foi questionário elaborado pela autora e aplicado aos gestores das empresas no formato de questionário, composto por 15 questões objetivas. Assim a pesquisa foi realizada na segunda quinzena de setembro de 2018 com os líderes de borracharias do município de Caetité, localizado a 645 km de Salvador, capital baiana, sua população é de 50.681 habitantes de acordo IBGE (2010).

O município de Caetité possui 10 empreendimentos do seguimento de borracharia cadastrados na JUCEB - Junta Comercial do Estado da Bahia (2018), a população da pesquisa é composta pelo número de líderes das lojas cadastradas na referida junta comercial que totaliza 12 líderes, de forma que a amostra da pesquisa contou a participação de 11 líderes. A pesquisa não sofre perda amostral, pois a coleta de dados se deu por meio da acessibilidade aos participantes da pesquisa, e uma das lojas ainda cadastrada na JUCEB não se encontra mais em funcionamento, entretanto seu cadastro continua ativo, por isso esse número fez parte da população e não da amostra.

A aplicação do instrumento individual de pesquisa buscou identificar os estilos de liderança relacionados à diferença de gênero nas organizações ramo de borracharia no município de Caetité-Ba. No decorrer da pesquisa foi garantido anonimato e privacidade dos participantes, no qual foi adotado o uso de pseudônimo L, seguido de um número ordinal de acordo sua participação, de L1 a L11.

Os dados foram tratados e categorizados e processados com o auxílio de ferramentas e softwares do Excel para criação de gráficos e tabelas e Word 2016 da Microsoft ® para produção textual e finalização do estudo.

RESULTADOS E DISCUSSÃO

No município de Caetité – BA atualmente constam 10 empresas do ramo de borracharia cadastradas na JUCEB, sendo assim, as empresas contam com a atuação de 11 líderes, uma vez que há mais de um líder em algumas empresas. A liderança é composta tanto por homens, quanto por mulheres. Levando-se em consideração a acessibilidade e a facultatividade, apenas 11 líderes se encontram dispostos a participar da pesquisa, respondendo aos seguintes questionamentos:

Dos participantes da pesquisa a faixa etária predominante entre os gêneros foi de 31 a 40 anos, equivalentes a 46% das respostas dos entrevistados, a faixa etária de 41 a 50 anos ficou com 27% das respostas, já as idades de 51 a 60 anos com representatividade de 18% das afirmações e por fim 9% das respostas se destinaram a opção de idade superior a 60 anos.

Observa-se que a prevalência da posição de liderança é ocupada por um perfil jovem. Esse fato parte do pressuposto de que o cargo de liderança ocorreu por meio de mudança de função e próprio crescimento dentro da organização em que está inserido, o que reforça a preocupação das corporações em investir no desenvolvimento dos sucessores ao cargo futuramente.

Segundo Bastos (2013) denota que a idade predominante de liderança é de 50 anos, ou seja, os líderes se encontravam em um perfil mais experiente e maduro em termos de idade do que encontrados nesse presente trabalho. Já em relato de Souza (2014) os dados se assemelham com essa pesquisa, no qual a média de respostas dos entrevistados demonstrou a idade de 35 anos para a maioria dos líderes pesquisados.

Em relação ao sexo dos participantes, a predominância se dá para o sexo masculino, que contemplou 73% dos entrevistados, já o sexo feminino representou 27%. Entretanto um fato curioso é a inserção de mulheres na liderança em empresas do seguimento de borracharia e pneus, uma vez que a cultura popular alega apenas que os homens entendem melhor desse assunto, logo mulheres não saberiam liderar esse tipo de empresa.

A inserção de mulher em cargos de comando e liderança nos dias atuais é explicada pela pressão feita pelas próprias mulheres pela igualdade de sexos, de forma que elas enxergam o estilo feminino como estratégia de liderança, já que estudam mais, e assim se sentem mais preparadas para exercer cargos de responsabilidades (SILVA *et al.*, 2017).

Para Santos e Antunes (2012) o olhar das mulheres sobre a liderança masculina na organização se encontra eivado de críticas. Para os autores as mulheres manifestam insatisfações quanto aos aspectos agênticos da liderança masculina que elas identificam como centralização, tecnicismo, autocracia e normatividade.

Silva (2017) acredita que a mulher por possuir grande capacidade de atuar em grupos e equipes, pode atuar como líder em qualquer seguimento. Talvez essa afirmativa justifique a inserção feminina ao ramo de borracharias e pneus.

Quanto ao tempo de experiência na profissão, ou seja, como líder, 89% afirmam possuir mais do que cinco anos na ocupação desse cargo, e apenas 11% afirmaram possuir experiência de 3 anos no mesmo cargo, como mostra a Figura 7. Entretanto isso não quer dizer que a experiência seja apenas dentro da mesma empresa, mas sim que pode estar relacionado à vida trabalhista do entrevistado em outros locais.

Quanto ao tempo de atuação na função como líder na atual empresa em que trabalha 50% dos homens atuam de 4 a 6 anos na mesma instituição, e 50% atuam a mais de 10 anos no mesmo local. Em relação às respostas femininas, cada participante apresenta um tempo de atuação na mesma empresa, ficando 33% com menos de 12 meses, 33% entre 4 e 6 anos e 33% a mais de 10 anos no mesmo cargo da empresa atual.

De acordo Silva (2017) o tempo de atuação do cargo de liderança ultrapassa seis anos em sua pesquisa, e que os entrevistados já atuaram em diversas empresas, o que mostra que eles possuem experiência da função e conhecimento para atuar de forma correta, representando confiabilidade aos gestores.

Conforme a figura 9 percebe-se frequentemente, se não sempre que os gestores se sentem peça fundamental uma vez que 63% homens e 67% das mulheres optaram por essa alternativa. Entretanto 37% dos homens e 33% das mulheres afirmaram que se sentem assim relativamente frequentes dentro da atual empresa. É importante que um líder perceba a sua função dentro de uma organização, uma vez que por meio de sua constante vigília e influência, os liderados cumprem suas atividades em prol do objetivo proposto pela empresa.

Sabe-se que o líder é peça fundamental para organização de uma empresa, uma vez que por meio de sua atuação a equipe é conduzida a suas atividades de forma coerente em busca do sucesso de todos. A função dele é disseminar tarefas, responsabilidades, motivar seus subordinados, entre outras.

Segundo Almeida, Dias e Rocha (2016) a participação de um líder nas empresas se torna fundamental em decorrência da influência sobre sua equipe de trabalho, no qual a pessoa escolhida para liderar deve assumir os riscos e se responsabilizar pelo grupo de trabalho.

Segundo Dubrin (2008) líderes carismáticos são mestres da comunicação, e transformam sonhos acreditáveis e apresentam sua visão de futuro como um único caminho a ser seguido. Esse tipo de liderança inspira os colaboradores a trabalhar em equipe para atingir as metas, e estando dispostos a apostar suas carreiras para seguir a visão do chefe, por meio da confiança que deposita em seu supervisor. "Saber ouvir sempre gera bons resultados. Quanto mais você sabe, melhor você se torna. Quando os líderes ouvem, eles têm acesso ao conhecimento, às percepções, à sabedoria e ao respeito dos outros" (MAXWELL, 2008, p. 68).

Toda empresa deve estar aberta para ouvir o que seus colaboradores têm a dizer a respeito de qualquer situação, para isso deve ser eleito um líder responsável por todos, no qual mesmo deverá ter não somente a capacidade de influenciar sua equipe à realização de suas metas, mas também os ouvir e aceitar suas opiniões sempre em busca da melhoria da qualidade do trabalho e do ambiente harmonioso (BERGAMINI, 1997).

Deste modo para Chiavenato (1999, p. 34) "o relacionamento se constitui na reciprocidade, por vezes influenciadora, que permite compreender os sujeitos da interação no exercício de seus papéis: calorosas e amistosas, ou desconfiadas, ameaçadoras e sentimentais".

Dessa forma, Sucesso (2002) afirma que a "integração de equipes mede-se pela cooperação, parcerias e objetivos comuns". Os membros das equipes eficazes confiam uns nos outros e demonstram confiança em seus líderes, pois trabalham juntos com um único objetivo, facilitando a cooperação e unindo os colaboradores.

Logo, os subordinados desse tipo de líder exibem extrema lealdade e confiança neste, igualando valores e comprometimento do líder, fazendo da confiança e autoestima seu relacionamento com o líder, fato que torna o trabalho em equipe prático e fácil no alcance das metas.

Para Assumpção e Ribas (2014) o funcionamento de toda e qualquer empresa, depende do desempenho e das atividades desenvolvidas e realizadas dos funcionários que ali trabalham, além da atuação e postura do chefe ou líder que os comanda. Portanto, a conduta tomada pelo chefe influencia diretamente no desempenho dos demais funcionários dentro de uma empresa, logo ele deve assumir os riscos na tomada de sua decisão.

Portanto o fator humano é o grande responsável pelo máximo desempenho nas organizações, deste modo à preocupação do chefe a respeito dos erros cometidos e melhoria das condições de trabalho se torna essencial, pois dessa forma melhores resultados e desempenhos profissionais serão almejados, assim como promover um ambiente de trabalho saudável e harmonioso (VIEIRA, 2009).

Para Vieira (2009) a maneira como as pessoas se sentem, agem, se comportam, interagem, trabalham, lideram, entre outras características é o que caracteriza o clima entre a equipe de trabalho, ou seja, a forma como o líder atua, poderá ou não influenciar no comportamento de seus subordinados, de modo a fazê-los o procurar para aprender e se aperfeiçoar ainda mais naquilo que é predestinado a exercer.

Todo líder deve prestar atenção em sua equipe de trabalho, principalmente no quesito de erros e irregularidades, uma vez que esse tipo de conduta interfere nos resultados a serem alcançados, assim como é uma forma de identificar quais funcionários estão desviando das regras lhe impostas.

Entretanto, Silva (2017) afirma em seu estudo que todo líder deve estar preparado para lidar com erros, falta de interesse, irresponsabilidades, entre outros quesitos que membros de sua equipe poderá apresentar. É por meio dessa percepção que sua atuação se torna importante, pois caberá somente ao líder motivar a equipe e solucionar esses conflitos no ambiente laboral.

Para uma organização funcionar bem, é necessário que o líder defina as responsabilidades e funções de cada membro da equipe, assim como verificar por meio de bons resultados se cada função está sendo exercida com competência e dedicação.

De acordo Chiavenato (2005) para ser um líder é necessário conseguir que as pessoas façam exatamente aquilo que ele pretende que elas façam logo ele não será bem-sucedido se seus colaboradores não seguirem suas ideias.

Segundo Santos *et al.* (2013) a liderança se baseia na capacidade de influenciar as pessoas em diferentes situações e contextos, ocorrendo em grupos de diversos segmentos, onde o processo de comunicação entre as pessoas funciona como norte para a consecução dos objetivos almejados; e o papel da liderança nas organizações compreende a articulação das necessidades demandadas das orientações estratégicas em sintonia com as necessidades dos indivíduos, orientando as necessidades de ambas as partes na direção do desenvolvimento institucional e individual.

Wenski e Soavinsky (2013) o líder de qualquer equipe de trabalho é o responsável por manter um bom clima entre seus funcionários. Já para Santos *et al.* (2010) é imprescindível obter um clima organizacional dentro de qualquer empresa, pois dessa forma com o clima harmonioso empresas que almejam se manter em alta no mercado competitivo deverá conquistar primeiramente a satisfação de seus colaboradores, para então pensar em produtividade e lucros.

O líder dentro de uma organização possui imensa responsabilidade em motivar e manter relações positivas com os membros de sua equipe, deste modo, a motivação exposta e o bom relacionamento com os colaboradores fazem com que facilite o empenho pela conquista do objetivo da empresa sem exclusão ou preconceito entre a diferença de cargos ou pessoas.

Toda e qualquer empresa necessita divulgar informações a seus funcionários, e geralmente essa tarefa é exercida pelo líder do local. Sendo assim, Silva (2006) afirma que de acordo as normas e informações compartilhadas cada funcionário poderá interpretar de uma forma, e isso poderá influenciar diretamente no clima organizacional de qualquer empresa.

Para Barreto *et al.* (2013) a comunicação é o elo entre os líderes e funcionários, assim como serve de ligação para a divulgação de normas, deveres, direitos, ordens, entre outras. Essa divulgação pode ser por meio de memorandos, palestras, meios eletrônicos, exposição de banners. É extremamente importante que toda e qualquer empresa apresente aos seus funcionários as normas e regras que deverão ser cumpridas, pois somente dessa forma que os objetivos e as atividades serão desenvolvidos dentro dos padrões da empresa.

Toda e qualquer empresa deve possuir normas a serem seguidas pelos seus colaboradores, pois dessa forma, as condutas ali exercidas deverão seguir um padrão pré-estabelecido pelos gestores desta, de forma a contribuir para o clima organizacional. Para que essas normas sejam cumpridas, é necessário que elas sejam divulgadas e bem-informadas aos trabalhadores. Para tanto a divulgação de informações poderá ser feita de variadas formas, verbal, documental, a partir de meios eletrônicos e sempre ficar acessível aos funcionários porventura de dúvidas.

Conforme, Rodrigues e Silva (2015) a liderança de mulheres em ambientes considerados masculinos é vista como mudança de caráter cultural, já que é acreditado que a figura feminina possui a mesma capacidade e competência que a figura masculina no quesito liderança. Zarifian (2001) afirma que a competência profissional está ligada com a capacidade de conhecimento do ser humano, principalmente em liderar, ou seja, essa capacidade não é interligada ao sexo do indivíduo e sim à habilidade que ele apresenta em conhecer, saber e fazer.

Dessa forma, percebe-se que a mulher atualmente já ocupa cargos que antigamente eram considerados masculinos. Essa conquista pode ser justificada pela competência e capacidade que a mulher demonstrou para liderar determinada empresa, tendo sua permanência por longos anos explicada pela experiência e bom desempenho de sua função.

Muito se acredita que homens possuem maiores benefícios por cargos que ocupam, entretanto, as mulheres que desempenha seu papel com determinação e demonstra bons resultados também são recompensadas de acordo atribuições de seu cargo.

Achados de Temóteo (2013) enfatiza que há sim diferenças salariais entre os mesmos cargos ocupados por homens e mulheres. Isso ocorre em decorrência das regras e condições de cada empresa. Entretanto Schlickmann e Pizarro (2013) defende o público feminino no momento em que afirma que com o passar do tempo às mulheres conquistaram seu espaço e seu valor pela sua atuação, e que nos dias atuais estas são reconhecidas profissionalmente, derrubando as barreiras do papel incumbido a elas de serem apenas esposas, mães e donas do lar.

De acordo Rodrigues e Silva (2015) muitas mulheres ainda necessitam lutar pelo direito de igualdade sem que haja a distinção de sexo e gêneros, visando a ocupação dos mesmos cargos com direito a mesma remuneração pelas atividades exercidas.

O que determina uma liderança não é o gênero ou sexo do indivíduo, e sim sua qualificação e preparo profissional. Atuar de forma correta, almejando auxiliar sua equipe, assim como orientá-los, corrigi-los e monitorá-los é tarefa de um bom líder, e isso não está atribuído ao sexo deste.

Desse modo, Tonani (2011) afirma que o mercado profissional busca líderes por meio de suas competências, já que as condições de contratações estão relacionadas com a motivação da equipe, habilidades desempenhadas, e não pelo sexo.

Rodrigues e Silva (2015) enfatizam que de modo algum o sexo masculino deve ser visto como mais qualificados que as mulheres, essa característica deve ser testada por meio de suas habilidades, já que ambos os sexos podem desempenhar mesma função, o que muda é a forma de lidar com suas atribuições e como as exercem nas organizações.

Segundo Rodrigues e Silva (2015), as mulheres adotam um estilo de liderança participativa mais rapidamente do que as suas contrapartes do gênero masculino. Uma possível razão é que, em comparação com os meninos, as meninas são criadas para serem mais igualitárias e menos orientadas para o status, o que é coerente com a liderança participativa.

De acordo com Fleury (2013), o modelo de liderança feminino é voltado para promover a união e cooperação e o modelo masculino somente vê a inovação, porém, um não é superior ao outro e as gestões se diferem quanto às características. Nesse aspecto, tanto o homem como a mulher podem conter traços um do outro e se complementarem.

Um líder costuma adotar um estilo de liderança de acordo o atual momento em que se encontra e se vive, ou seja, esse estilo se torna variável em relação a sua situação e perfil de seus subordinados. O estilo as vezes não se relaciona ao sexo ou gênero do indivíduo, mas sim de acordo as condições de trabalho e relação com a equipe profissional (CHARAN, 2008).

Para Cunha (2014) as empresas contemporâneas necessitam das características que envolvem a sensibilidade feminina e a assertividade masculina relacionada a seus líderes, independentemente do gênero. O que torna uma liderança importante e correta é a capacidade de conviver com a organização em ebulição de uma organização, ou seja, concentrar os esforços para que haja maior reconhecimento do seu trabalho.

CONSIDERAÇÕES FINAIS

Com a realização do presente estudo, foi possível identificar os estilos de liderança relacionados à diferença de sexos nas organizações do ramo de borracharia no município de Caetité-Ba. A pesquisa apresentou como resultado que há a inserção de mulheres em empresas de pneus e serviços de borracharia no município em questão, e que elas atuam de forma semelhante aos homens, mesmo diante de tempos de experiência menores do que os apresentados pelos homens. Esse fato parte do pressuposto de que as mulheres são extremamente dedicadas e preocupadas com seus resultados, e assim provam que podem sim atuar em cargos iguais aos homens, rebatendo a ideia de que liderar seja função masculina.

Foi possível perceber por meio das análises aqui expostas que há diferença de estilo de liderança quanto ao sexo do indivíduo, uma vez que homens e mulheres apresentaram características diferentes no modo de pensar e agir diante de cargos de responsabilidades, ou seja, os estereótipos diferentes dos sexos são capazes de definir os estilos específicos de liderança feminina e masculina. Entretanto tanto os homens quanto as mulheres se demonstraram satisfeitos com suas atuações e condições de trabalho ao afirmaram que possui relação positivas com a equipe de trabalho.

O estilo de liderança observado para cada sexo possui características distintas, uma vez que o estilo masculino se relaciona com o predomínio do emocional, tendência à cooperação, capacidade de agir em muitas direções e como sujeito corajoso. Já o estilo feminino está associado com o apoio às necessidades das pessoas por meio de sua capacidade de agir em muitas direções. Percebe-se que mais características foram apontadas para a liderança masculina, o que pode influenciar negativamente a liderança feminina.

Outro ponto interessante percebido na pesquisa foi relacionado à desigualdade no tratamento de gênero, uma vez que a mulher ocupando cargos de liderança ainda assustam algumas pessoas, principalmente quando se relaciona ao tipo de comércio referido neste trabalho.

Sendo assim, se faz necessário que novos estudos deem sequência a essa temática para que agora seja avaliado o impacto causado pelos diferentes estilos de liderança, a fim de identificar se em termos de resultados a liderança feminina ou masculina se torna mais interessante e eficaz.

REFERÊNCIAS

ALMEIDA, S. C. D.; DIAS, J. F.; ROCHA, W. F. P. A importância do líder no ambiente organizacional e a influência das competências coletivas na gestão de pessoas. **Rev. Humanidades**, Fortaleza, v. 31, n. 2, p. 347-363, 2016.

AMARAL, D. J. **Teoria da Troca entre Líder Liderado LMX:** uma teoria diádica de liderança para identificação dos aspectos que compõe a interação líder-liderado. 2007. 265f. Tese (Doutorado em Administração de Empresas) – Universidade Presbiteriana Mackenzie, São Paulo, 2007.

ANCA, C.; VÁZQUEZ VEGA, A. **La gestión de la diversidad en la organizacion global:** hacia un nuevo valor en la empresa. Madrid: Prentice Hall, 2005.

BASTOS, M. A. S. B. **Liderança e gênero:** um estudo de caso na Universidade Federal de Minas Gerais. 2013. 178f. Dissertação (Mestrado em Administração) – Fundação Pedro Leopoldo, Pedro Leopoldo, 2013.

BRANT, P. S. **A relação entre líderes e membros (LMX), estilos de liderança e seus impactos na satisfação no trabalho.** 2012. 188f. Dissertação (Mestrado em Administração) – Universidade FUMEC/FACE, Belo Horizonte, 2012.

CAGGY, R. C. S. S.; CRUZ, E. S.; SILVA, M. D. M.; SILVA, K. S. C. C. Que Diferença da Mulher o Homem Tem? Espera aí que vou Dizer meu Bem! Um Estudo de Caso Sobre Diferenças de Gênero e Estilos de Liderança. **Revista Formadores:** Vivências e Estudos, [S. l.], v. 8, n. 1, p. 5-20, 2015.

CARRIERI, A. P. DINIZ, A. P. R. SOUZA, E. M. MENEZES, R. R. S. Gender and work: representations of femininities and masculinities in the view of women brazilian executives. **Brazilian Adminitration Review**, Rio de Janeiro, v. 10, n. 3, art. 3, p. 281-303, 2013.

CASAGRANDE, L. S.; CARVALHO, M. G.; LUZ, N. S. **Igualdade de Gênero:** enfrentando o sexismo e a homofobia. 1. ed. Curitiba: UTFPR, 2011.

CHAM-POUX, J. E. **Organizational behavior:** integrating individuals, groups, and organization. 4. ed. New York: Routledge, 2011. 528 p.

CHARAN, R. **O líder criador de líderes:** a gestão de talentos para garantir o futuro. Rio de Janeiro: Elsevier, 2008.

CHIAVENATO, I. **Gestão de Pessoas:** o novo papel dos recursos humanos nas organizações. 3. ed. 6. reimp. Rio de Janeiro: Elsevier, 2010.

CUNHA, A. C. C. Liderança feminina: características e importância à identidade da mulher. **Saber Humano: Revista Científica da Faculdade Antonio Meneghetti,** [*S. l.*], v. 4, n. 5, 2014.

FLEURY, M. T. L. Liderança feminina no mercado de trabalho. CE, Agora é com elas. **Revista: GV Executivo,** v. 12, n. 1, 2013.

GONÇALVES, M. N. **Características biográficas e estilos gerenciais:** um estudo na feira dos importados. 2006. 46f. Monografia (Graduação em Administração) – UNICEUB, Brasília, 2006.

MAXWELL, J. C. **O livro de ouro da liderança.** Rio de Janeiro: Thomas Nelson Brasil, 2008.

MELO, I. S. B. **O desenvolvimento da liderança e a percepção do profissional de RH de uma empresa da área da saúde.** 2009. 47f. Monografia (Especialização em Gestão de Pessoas) – Universidade de Brasília, Brasília, 2009.

NATIVIDADE, J. C.; SILVANO, M. B. FERNANDES, H. B. F. Diferenças entre homens e mulheres: desvendando o paradoxo. **Revista Psicologia Organizações e Trabalho,** [*S. l.*], v. 14, n. 1, p. 119-122, 2014.

NATT, E. D. M.; CARRIERI, A. P. É para Menino ou para Menina? Representações de Masculinidade e Feminilidade. **Revista Latino-americana de Geografia e Gênero,** Ponta Grossa, v. 7, n. 1, p. 109-131, 2016.

PEDRUZZI JUNIOR, A.; SILVA NETO, J. M.; LEANDRO, M. R. L. Liderança: evolução das suas principais abordagens teóricas. 2014. *In:* CONGRESSO NACIONAL DE EXCELÊNCIA EM GESTÃO, [*s. n.*], 10., 2014, Rio de Janeiro. **Anais** [...]. Rio de Janeiro. 2014.

ROBBINS, S. P.; JUDGE, T. A.; SOBRAL, F. **Comportamento Organizacional:** teoria e prática no contexto brasileiro. 14. ed. São Paulo: Pearson, 2010.

RODRIGUES, A. O.; FERREIRA, M. C.; MOURÃO, L. O fenômeno da liderança: uma revisão das principais teorias. **Fragmentos de Cultura,** Goiânia, v. 23, n. 4, p. 587-601, 2013.

RODRIGUES, S. C.; Carvalho; SILVA, G. R. A liderança feminina no mercado de trabalho. **Revista digital de Administração Faciplac,** Gama, v. 1, n. 4, 2015.

SANTOS, J. C. S.; ANTUNES, E. D. D. Relações de gêneros e liderança nas organizações: rumo a um estilo andrógino de gestão. **Gestão Contemporânea,** Porto Alegre, ano 10, n. 14, p. 35-60, 2013.

SANTOS, V. C. Indícios de sentidos e significados de feminilidade e de masculinidade em aulas de Educação Física. **Motriz,** Rio Claro, v. 16, n. 4, p. 841-852, 2010.

SILVA, C. R. R.; CARVALHO, P. M.; SILVA, E. L. Liderança feminina: a imagem da mulher atual no mercado corporativo das organizações brasileiras. **Educação, Gestão e Sociedade: revista da Faculdade Eça de Queirós,** [S. l.], v. 7, p. 1-12, 2017.

SILVA, F. B. **Desafios das mulheres em cargos de liderança.** 2017. 74f. Monografia (Bacharel em Administração de Empresas) – Universidade do Vale do Taquari, Lajeado, 2017.

TEMÓTEO, A. Machismo e preconceito atrapalham mulheres dentro de empresas. **Correio Braziliense,** [S. l.], 2013. Disponível em: https://www.correiobraziliense. com.br/app/noticia/economia/2013/10/07/internas_economia,392132/machismo-e-preconceito-atrapalham-mulheres-dentro-de-empresas-diz-pesquisa.shtml. Acesso em: 10 nov. 2018.

TONANI, A. V. Gestão Feminina – Um diferencial de liderança mito ou nova realidade. *In:* CONGRESSO NACIONAL DE EXCELÊNCIA EM GESTÃO, [s. n.], 7., 2011. Rio de Janeiro. **Anais [...]. Rio de Janeiro.** 2011.

ZARIFIAN, P. **Objetivo competência:** por uma nova lógica. São Paulo: Editora Atlas, 2001.

REFLEXOS DA OFERTA DE BOLSAS DE MONITORIA DE ENSINO, PESQUISA E EXTENSÃO PARA O CURSO DE ADMINISTRAÇÃO DA UNEB CAMPUS XII NA PERSPECTIVA DA PERMANÊNCIA ESTUDANTIL

Nathália Carey Pimentel da Silva[1]
José Brilhante de Sousa Neto[2]

INTRODUÇÃO

O consumidor brasileiro está inserido num contexto de mercado em que as taxas de inflação, passam por altas constantemente, provocando uma redução no seu poder de compra, e elevando a taxa de desemprego no país. Segundo uma pesquisa realizada pelo IBGE (2022), o IPCA (Índice de Preços ao Consumidor Amplo) dos últimos doze meses está numa marca de 6,47%, o que demonstra essa elevação nos valores das mercadorias, que tende a levar o consumidor direto a enxugar cada dia mais a sua cesta básica.

Esse cenário impacta principalmente as camadas mais economicamente vulneráveis da população, tendo em vistas que por possuírem uma renda mensal já reduzida, um aumento de preços pressiona ainda mais o orçamento, dispondo de poucos meios para esquivar-se da situação. Um texto publicado no site do Banco Central do Brasil (2022) vem afirmar justamente essa questão ao declarar que, "A inflação afeta particularmente as camadas menos favorecidas da população, pois essas têm menos acesso a instrumentos financeiros para se defender da inflação."

Quando se refere então, ao estudante do ensino superior, particularmente aqueles com esse tipo de realidade econômica, necessitam de ir à procura de meios para suprir essa falta de recursos, e ainda para arcar com os seus gastos, como moradia, alimentação e transporte. Para Zbuinovicz e Mariotti (2021), essa situação leva os graduandos a buscarem por estágios remunerados, a participarem de projetos de extensão e até mesmo recorrer

---

[1] Egressa do curso de Administração da Universidade do Estado da Bahia. E-mail: marciatatiane13@gmail.com

[2] Professor do curso de Administração do DEDC – Campus XII da Universidade do Estado da Bahia. E-mail: jbsneto@uneb.br

à universidade para requisitar algum tipo de auxílio, como forma de sua permanência nesse ambiente estudantil, alegando ainda que, a escassez de recursos financeiros é um dos principais fatores de evasão da instituição.

Desse modo, a Universidade do Estado da Bahia – UNEB, como fornecedora de Bolsas de Monitoria de Ensino, Pesquisa e Extensão, busca além de proporcionar aos seus estudantes uma integração com a comunidade externa e ampliar a sua vivência acadêmica, ainda lhes oferece um recurso financeiro, que pode auxiliar em seu cenário de vida. Logo, o presente estudo objetiva analisar os reflexos da oferta de Bolsas de Monitoria de Ensino, Pesquisa e Extensão para o curso de administração da UNEB Campus XII Guanambi-Ba, na perspectiva da permanência estudantil na Educação de Ensino Superior.

Para isso, será realizado um levantamento sobre a quantidade de bolsas de monitoria ofertadas para o curso de administração, delineando questões ligadas acerca do quantitativo ser suficiente para abranger aos discentes que delas necessitam e, ainda na oportunidade, traçar o perfil socioeconômico dos estudantes bolsistas, verificando a sua condição financeira e como esse auxílio pode corroborar em seu contexto econômico.

Assim sendo, a presente pesquisa poderá contribuir para destacar a importância de conceder bolsas para esses discentes pertencentes a camada mais vulnerável da população, reforçando a maneira com que esses auxílios financeiros podem impactar diretamente na permanência estudantil. E ainda, evidenciar o papel que a universidade pública possui, na vida desse estudante, no sentido de trazer não somente um diploma de ensino superior e uma formação profissional, mas de garantir a satisfação e realização pessoal (ZBUINOVICZ; MARIOTTI, 2021).

O artigo está estruturado em quatro capítulos, o primeiro que contém esta sessão introdutória refletindo os aspectos iniciais da questão a ser tratada, sendo subdividido em dois tópicos que discorrem sobre o cenário econômico mundial e brasileiro, e abordam ainda acerca da oferta de bolsas em âmbito internacional e nacional, incluindo as bolsas oferecidas pela UNEB. A seguir, apresenta-se a metodologia utilizada para a elaboração do presente trabalho, seguido das discussões e principais resultados encontrados, encerrando-se com as considerações finais.

CENÁRIO ECONÔMICO

No tocante a economia brasileira a partir dos anos 2000, foi marcada por uma série de acontecimentos, que levou a um período de bonança, contudo este cenário não foi sustentado, ocorrendo uma crise econômica em 2014. Durante a primeira década do milênio, o mercado internacional passava por um forte crescimento e pela valorização das commodities, que juntamente com a adoção de medidas internas, corroborou em resultados positivos para o desenvolvimento econômico do Brasil, trazendo avanços como a redução da pobreza por meio da criação do Bolsa Família e reconquista da confiança dos investidores estrangeiros (RESENDE *et al.*, 2018).

Entretanto, essa conjuntura não perdurou por muito tempo, pois, mais tarde durante os anos de 2014 a 2017 o país enfrentou uma crise econômica, o que ocasionou uma grande recessão, tendo como fatores determinantes, os choques de oferta e demanda, em sua maioria acarretados por falhas nas políticas públicas que enfraqueceram a habilidade de desenvolvimento da economia brasileira e suscitando um exorbitante custo fiscal (FILHO, 2017).

Após esse período conturbado e uma leve recuperação financeira, ao final do ano de 2019, para início do ano de 2020 uma crise sanitária se instalou em cenário mundial. Causada pelo vírus SARSCoV-2, a infestação obrigou a Organização Mundial da Saúde (OMS) declarar Emergência de Saúde Pública de preocupação internacional vindo mais tarde a ser definida como uma pandemia (LOPES, 2021).

Como tentativa de conter os avanços da doença e evitar ainda mais uma degradação nos sistemas de saúde, os governos tomaram medidas de isolamento social, quarentena e fechamento de fronteiras, fato que freou a circulação do comércio principalmente em se tratando das mercadorias sanitárias. Todavia, a deficiência no comando dessas medidas impactou drasticamente a economia mundial (NETO, 2020).

Durante esse período, ao verificar os índices do Produto Interno Bruto (PIB) de diversos países apenas a China aparece com um índice de crescimento de 2% em 2020 (EIRAS, 2021). Além disso, algumas estimativas apontam que neste mesmo ano o desenvolvimento econômico global enfrentou uma diminuição com a taxa de aproximadamente -3,2% (JACKSON, 2021), fato que demonstra o quanto este contexto pandêmico debilitou o sistema financeiro mundial.

Não obstante, o ambiente da economia brasileira em 2020, sofreu de uma queda, contudo em 2021 segundo um levantamento publicado no site do Governo Federal (2022), voltou a crescer atingindo uma marca de cerca de 4,6%, o que demonstra um avanço se comparado ao índice negativo do ano anterior, provocado em decorrência da redução das atividades econômicas, levando a um aumento nos preços, pois os consumidores passaram a estocar produtos em casa, acarretando a sua falta nas prateleiras dos supermercados (NIPPES; PAVAN, 2021).

De acordo o Grupo de Conjuntura da Dimac/Ipea (2021), em 2022 a expectativa para crescimento do PIB é de 1,8%, pois fatores como a inflação em alta que vem reduzindo o poder de compra dos consumidores e o aumento do endividamento das famílias, podem ocasionar esse cenário. Além disso, a guerra na Ucrânia, ocasionou uma piora nas previsões da inflação, por seus impactos no preço do petróleo, e mesmo com uma leve valorização da moeda brasileira, as previsões para os índices inflacionários continuam em alta (IPEA, 2022).

Todos esses fatores, acabam por impactar negativamente na renda de muitas famílias e consequentemente em seu poder aquisitivo, sendo o desemprego o principal causador desse problema, seguido das baixas nos salários, além do fator inflacionário (MOÇO, 2022). Segundo Sgamato (2021), várias famílias passam por essas questões financeiras em função de uma gestão defeituosa de seus recursos, sobretudo, quando em períodos de crise econômica a situação torna-se ainda mais desfavorável.

Além de todo esse aspecto econômico do país e as dificuldades financeiras familiares, enfrentar desafios como possuir uma rotina intensa de estudos e preocupações em como custear suas necessidades básicas, fazem parte da rotina de muitos estudantes da universidade pública. Pois, os gastos dispendidos por estar no âmbito acadêmico, como transporte, alimentação e moradia, acabam tornando os recursos financeiros escassos levando os alunos a desistência do ensino superior, por não conseguirem manter os custos (ZBUINOVICZ; MARIOTT, 2021).

Dessa forma, a pandemia da Covid-19 juntamente com as suas consequências em todo o setor econômico mundial, provocou que muitos sentissem os impactos da pobreza, especialmente, para aqueles em circunstâncias de maior vulnerabilidade (QUINZANI, 2020). Realidade que muitas vezes é vivenciada por alunos de faculdades públicas, uma vez que, inseridos num contexto de extrema suscetibilidade, a universidade vem como um meio para retirar a si e a sua família da situação de pobreza, e após inserido neste ambiente se vê na obrigação de prestar auxílio financeiro na manutenção de sua moradia e ainda a responsabilidade de custear os gastos advindos do seu curso, levando-o muitas das vezes a recorrer aos auxílios oferecidos pela universidade ou pelo governo, como forma de auxiliar em suas despesas (PAIXÃO; SANTANA; CARNEIRO, 2020).

Assim sendo, percebe-se a relevância da adoção de políticas e ações nas instituições de ensino superior, que promovam a assistência estudantil, tendo em vistas, que cada vez mais tem se tornado crescente a necessidade da implementação desse tipo de política como uma parte importante para o sucesso acadêmico do estudante (HERINGER, 2018). Pois, em uma pesquisa realizada por Rolim e Soares (2013), verificou-se uma quantidade considerável de bolsistas que asseguram o quanto a bolsa favorece a sua atuação acadêmica, dado que, dessa maneira eles dispõem de um maior instrumento para se adquirir os materiais das disciplinas, além de que outros ainda declararem que o recurso colabora para os gastos como transporte, alimentação e moradia, assim, dando ao discente uma liberdade para usufruir da bolsa conforme as suas necessidades ou de acordo lhe for mais oportuno, com a condição de o ajudar a permanecer em sua graduação.

OFERTA DE BOLSAS

Dentre os diversos auxílios que são concedidos aos estudantes de ensino superior, estes podem variar desde a, bolsas para estudo no exterior, bem como para dentro do país. Conselhos como o CNPq – Conselho Nacional de Desenvolvimento Científico e Tecnológico, fornecem bolsas neste âmbito. Pertencente a agência do MCTI – Ministério da Ciência, Tecnologia e Inovação, que segundo o portal brasileiro de dados abertos "tem como principais atribuições fomentar a pesquisa científica e tecnológica e incentivar a formação de pesquisadores brasileiros." (PORTAL, 2022).

Neste sentido, seu objetivo principal é estimular e fomentar a pesquisa científica, concedendo aos interessados um auxílio financeiro para poderem empenhar-se inteiramente em seu propósito. As bolsas ofertadas para estudo no exterior são regulamentadas pelo RN-007/2018, que traz os critérios para aprovação e a classificação de recebimento do auxílio, apresentando em seu art. 5º os benefícios da bolsa no exterior que envolvem "[...] o pagamento de mensalidades, auxílio- deslocamento, auxílio-instalação, seguro-saúde e taxas, de acordo com as especificidades de cada modalidade." (CNPq, 2018, p. 13).

Assim sendo, compreende-se que esse Conselho promove todo um suporte para que o pesquisador consiga manter-se fora do país e permanecer estudando. Contudo, o fomento no Brasil também é feito, desde o ensino médio, graduação, pós-graduação e até a pesquisa, cujo foco agora é voltado para auxiliar no financiamento da pesquisa por meio da concessão de capital (OLIVEIRA, 2003).

Além do CNPq, outros programas realizam esse trabalho de contribuição, como o Plano Nacional de Assistência Estudantil – PNAES, que conforme o decreto nº 7.234, de 19 de julho de 2010, em seu art. 1º "[...] tem como finalidade ampliar as condições de permanência dos jovens na educação superior pública federal." Dessa forma, assessorando aos estudantes que se encontram em situação de vulnerabilidade financeira, agindo como um instrumento que visa garantir a permanência na graduação, oferecendo uma oportunidade para esse grupo, com assistência à moradia, alimentação, transporte e entre outros.

Segundo Brito, Souza e Almeida (2021), após o PNAES é que o auxílio estudantil veio a se concretizar na perspectiva de atribuições a tarefas de ensino, pesquisa e extensão, mantendo o objetivo primordial da permanência estudantil. Eles ainda acrescentam que por mais que haja a existência de universidades públicas no Brasil, é somente por meio da implementação do REUNI - Programa de Apoio aos Planos de Reestruturação e Expansão das Universidades Federais e do PNAES que o ensino superior se restabeleceu e trouxe a possibilidade de acesso para a camada mais vulnerável da população.

Há ainda outros projetos no ambiente acadêmico que vão disponibilizar de recursos para os discentes, como o Programa Institucional de Bolsas de Iniciação à Docência – Pibid que visa oferecer bolsas de iniciação à docência por meio de estágios em escolas, já no âmbito das universidades públicas estaduais (UNEB, UEFS, UESB e UESC), há o programa de assistência estudantil Mais Futuro, que vem com o objetivo de assegurar a permanência estudantil em circunstância de vulnerabilidade econômica, concedendo de estágios e amparo financeiro. (SOARES; REIS, 2021).

Além disso, outras instituições como ocorre na UNEB é viabilizado o fornecimento de bolsas de Monitoria de Ensino, Pesquisa e Extensão, e que mesmo que o seu objetivo principal não seja auxiliar financeiramente o graduando, possibilita um benefício financeiro para os bolsistas contemplados. De acordo com o anexo I da resolução nº 1.502/2022 do Conselho Universitário – CONSU, no que tange o regulamento do programa de iniciação à extensão (Probex), em seu art. 1º caracteriza

> [...] A bolsa de iniciação à extensão é um instrumento que possibilita o estabelecimento de novas práticas e experiências

> académicas que visem a articulação entre teoria e prática no processo de ensino-aprendizagem [...] (CONSU, 2022, p. 22).

Referindo-se assim, como uma fermenta que visa proporcionar a aplicação prática daquilo que é visto em sala de aula, para um maior enriquecimento curricular.

Em se tratando das bolsas de ensino nos seus desígnios descritos no Capítulo II, no anexo único da resolução nº 700/2009 do CONSU (2009, p. 16), em seu art. 4º declara que,

> Constituem objetivos da monitoria: I. promover ações cooperativas entre estudantes e professores, favorecendo a participação dos discentes nas atividades de docência; II. disponibilizar oportunidades para o aprofundamento dos conhecimentos do discente na área da monitoria; III. contribuir para o desenvolvimento de novas práticas pedagógicas, tendo em vista a melhoria da qualidade do ensino de graduação na Universidade.

Buscando dessa forma o envolvimento do estudante com o corpo docente, sendo uma forma de aperfeiçoamento na formação acadêmica e desenvolvimento na qualidade do processo educativo. Desse modo, programas como estes, almejam aprimorar o ensino superior, trazendo novas vivências, e incluindo como acréscimo um aspecto monetário que age até mesmo como forma de incentivo dessa prática, propiciando um maior favorecimento ao graduando.

É importante ressaltar que, para muitos, a bolsa é a única fonte de renda que vem ajudar a bancar suas despesas como moradia, alimentação, luz, água, internet e entre outros gastos essenciais a sua sobrevivência (COSTA; NEBEL, 2018). Por isso, Heringer (2018) pondera a relevância expressa nelas e nos auxílios, mas, destacando que se trata de valores deficientes, no sentido de assegurar a permanência de muitos estudantes.

Assim sendo, programas com o intuito de corroborar com a permanência estudantil são ofertados, todavia se tornam muitas vezes deficitários por se tratar de valores insuficientes. Cetzal e Mac (2018), consideram que, essa falta de recursos financeiros, é um ocorrido difícil de se evitar durante o percurso de vida acadêmica no ensino superior, sendo um desafio o qual ele terá que enfrentar para conquistar o seu sonhado diploma.

MATERIAIS E MÉTODOS

A presente pesquisa terá a sua natureza na abordagem qualitativa-quantitativa. Qualitativa, pois segundo Pereira *et al.* (2018), se refere a um método em que os dados geralmente são descritivos, corroborando na compreensão dos fenômenos. E quantitativa porque, conforme Moresi (2003), esse modelo deve ser aplicado quando se deseja estabelecer o perfil de uma determinada população, o qual será buscado para identificar o perfil socioeconômico dos bolsistas.

Para assistir a isso, faz-se necessário adquirir conhecimentos teóricos acerca do problema levantado, empregando a pesquisa bibliográfica reunindo informações a partir da leitura e análise de trabalhos científicos, livros e entre outros. Quanto aos objetivos, qualifica-se como descritiva, pois Gil (2002), certifica que este modelo tem por objetivo a descrição das características de um determinado fenômeno ou população, aprofundando no conhecimento procurando "[...] descobrir a frequência com que um fato ocorre, sua natureza, suas características, causas, relações com outros fatos." (PRODANOVP; FREITAS, 2013, p. 52).

Quanto ao procedimento técnico, será utilizado a pesquisa de campo, uma vez que, ela visa "descobrir novos fenômenos ou as relações entre eles" (MARCONI; LAKATOS, 2003, p. 186), por meio da coleta de dados direta no lugar em que os eventos acontecem, auxiliando o estudo a compreender os efeitos das bolsas de monitoria na permanência universitária (SILVA, 2017).

Como população concerne nos estudantes do curso de Administração da UNEB XII, que estejam regularmente matriculados, que consiste em 153 discentes. Como sistema de exclusão foi utilizado os estudantes que não são ou não foram bolsistas durante o período em estudo. Para a amostragem será não probabilística, cujo tipo é por tipicidade, tendo em vista que esse modelo permite selecionar um subgrupo que possa ser estimado como representante da população (GIL, 2002), que neste caso consiste nos graduandos bolsistas do curso durante o período de 2019 a 2022.

Para a realização do cálculo da amostra utilizou-se do site Comentto, cujos parâmetros de intervalo de confiança foram de 95% com uma margem de erro de 2,5%. Portanto, a amostra relevante para alcançar a representação foi determinada em 140 participantes. Esse universo foi reduzido por meio do critério de exclusão, totalizando em 17 componentes, porém apenas 12 questionários foram validados. Assim sendo, os resultados não são previsíveis para toda a população, restringido apenas à amostra do estudo.

O objeto de coleta de informações deu-se por meio da aplicação do questionário estruturado que conforme Marconi e Lakatos (2003), dividido com perguntas abertas e fechadas de múltipla escolha, com questões de avaliação, que são aquelas em que é possível transmitir uma opinião por meio de uma escala com graus de intensidade. Sendo dividido em quatro partes, a primeira visando realizar levantamento social para identificação do perfil dos bolsistas, a segunda colhendo informações acerca importância da graduação, seguido de perguntas relacionadas a renda e questões financeiras e por fim abordando sobre as bolsas de Ensino, Pesquisa e Extensão, identificando sua relevância para a vida acadêmica, o qual foi aplicado online por meio da plataforma Google Forms, enviado pelo link para o WhatsApp, contendo um total de 31 perguntas.

Além disso, foi realizado um levantamento de dados acerca da quantidade de bolsas que foram ofertadas para o campus e também para o curso de Administração, e ainda um quantitativo dos discentes que ingressaram no campus de maneira geral e em específico do Bacharelado em Administração. Realizado a partir de um relatório emitido pela administração da UNEB, pelo colegiado de Administração e pelo Núcleo de Pesquisa, Ensino e Extensão - NUPEX, disponibilizando informações acerca das bolsas de Extensão e um último disponibilizado pela secretária acadêmica com o quantitativo dos estudantes que ingressaram no campus.

RESULTADOS E DISCUSSÃO

Com base na coleta de dados realizada, tornou-se possível traçar o perfil dos estudantes bolsistas de monitoria do curso de administração da UNEB campus XII, identificando-se que se tratam, em sua maioria de jovens, do sexo masculino, solteiros, com idade entre 17 e 24 anos, que frequentaram o ensino fundamental e ensino médio em escola pública. A renda familiar de 58,3% deles é de até dois salários-mínimos e 70% possuem três ou quatro membros na família, o que torna renda per capita desse grupo bastante reduzida, pois o valor recebido é mensalmente dividido pela quantidade de familiares.

Ao se analisar a Pesquisa nacional da Cesta Básica de Alimentos, realizada pelo DIEESE (2022) no último mês de outubro, demonstra os valores do salário necessário, cujo qual, espera-se que busque garantir todas as necessidades básicas do trabalhador e de sua família composta por até quatro membros, está em torno de uma quantia de R$ 6.458,86. Este que, ao ser dividido entre os membros da família, apresenta uma renda per capita de R$1.614,71, bem acima do valor real presente no perfil familiar dos bolsistas, pois dois salários-mínimos estão numa marca de R$2.424,00, o qual quando decomposto entre os quatro integrantes perdura-se apenas em R$606,00.

Ao observar essa situação, compreende-se a distinção daquilo que deveria ser para manter uma boa qualidade de vida a população, para aquilo que realmente se encontra na realidade econômica da família brasileira. Essa categoria de ambiente demonstra a vulnerabilidade financeira dessa população, que de acordo com Soares e Reis (2021), os grupos com esse perfil são denominados como característicos da classe trabalhadora, assim são classificadas como sendo de baixa renda, portanto, possuindo a necessidade de recorrer a projetos do governo para amparar em sua escassez de recursos.

Ainda a respeito de sua situação financeira uma parcela significativa informou que a bolsa foi sua principal fonte de renda para se manter durante o período do seu curso e 33,3% disseram que acabam por gastar mais do que recebem em seu orçamento mensal, demonstrando um certo descontrole de gastos. No tocante a frequência em que encontram dificuldades econômicas, metade alegou que isso acontece às vezes e mais de 50% expressaram que quando isso ocorre, recorre a sua família, em busca de auxílio. Contudo, diversas vezes nem mesmo a família apresenta condições de amparar financeiramente o indivíduo, ao pertencer a um grupo de menor privilégio econômico. (HERINGER, 2018).

Neste sentido, quando se investigou sobre a graduação, nota-se que cerca de 91,7% dos participantes se encontram no quarto ano, já estando finalizando o seu curso. Ao serem questionados sobre como avaliaria se tivessem que trabalhar e estudar, 75% deles afirmaram que atrapalharia, já que isso iria provocar uma redução no seu tempo para se dedicar aos trabalhos e conteúdos os quais a graduação exige.

Além disso, ao serem contestados acerca dos motivos que levam a evasão dos estudantes no ensino superior, citou-se por um dos alunos a seguinte afirmação, "As condições financeiras, as dificuldades enfrentadas durante a graduação e entrada para o mercado de trabalho." Essa declaração também foi feita por boa parte dos integrantes da pesquisa reafirmando a questão das dificuldades financeiras e a falta de tempo para dedicar-se aos estudos, essa carência provocada justamente por terem de trabalhar e estudar em simultâneo, tendo em vistas a sua condição econômica familiar.

Essa constatação foi igualmente verificada por meio de uma investigação desempenhada por Cetzal e Mac (2018), identificando que além dos diversos obstáculos encontrados para a manutenção dos estudos, o quesito financeiro é um fator de impedimento bastante presente na vivência do estudante do ensino superior, acrescentando ainda, que levando em conta a escassez de recursos o aluno não consegue suprir os seus gastos pessoais, básicos para a sua sobrevivência e até mesmo para custear as suas despesas acadêmicas.

Outro aspecto demasiado relevante que pode ser reconhecido, no que se refere aos motivos que incentivam os discentes a prosseguirem com seus estudos, mesmo diante dos percalços enfrentados, 66% deles atestaram que seria para conseguir um emprego, como apresentado no Gráfico 1, expressando que por conta de seu histórico de condições de vida financeira precárias, encontra a graduação como uma ferramenta para sair dessa situação e conseguir alcançar melhores circunstâncias econômicas para si e sua família.

Gráfico 1 – Principais razões que levam os discentes a continuarem os estudos

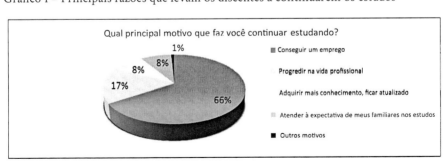

Fonte: elaborado pelo autor (2022)

Atrelado a isso, sobre a visão dos acadêmicos a respeito de sua graduação, principalmente quando relacionada a sua vida profissional, percebe-se que em sua totalidade valorizam muito a questão e veem como essencial para o seu futuro, pois se verificou que todos eles ao serem interrogados a respeito, informaram uma categorização de importante até extremamente importante, e 59% deles alegaram que para sua realização pessoal isso é um fator extremamente importante, conforme pode ser observado no Gráfico 2.

Gráfico 2 – Importância do diploma para a realização pessoal

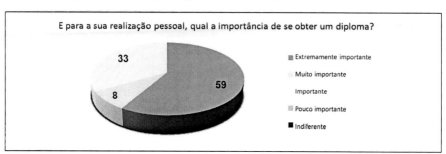

Fonte: elaborado pelo autor (2022)

Mediante essa perspectiva, é plausível reforçar a dimensão da conclusão da graduação por parte desses discentes, como um papel fundamental para o seu sucesso e ascensão socioeconômica. Entende-se que o estudante espera ao adentrar numa instituição de ensino que ela lhe proporcione essa mobilidade social, porém o que ele encontra nem sempre condiz com o aguardado, tendo em vistas as contrariedades defrontadas no meio do percurso que são fatores de impedimento para chegar ao seu objetivo.

Neste entendimento, surge as bolsas de monitoria de Ensino, Pesquisa e Extensão, as quais 83,3% dos pesquisados enxergam a sua oferta como extremamente importante, e uma parcela proporciona a mesma classificação para o auxílio que a bolsa fornece em sua renda mensal, o que demonstra a participação significativa desse tipo de programa dentro da universidade. Ao investigar-se sobre a contribuição que esse auxílio assegurou para a sua permanência universitária, apenas 8% informaram que o benefício é pouco importante, conforme expresso no Gráfico 3.

Gráfico 3 – Contribuição da bolsa para a permanência na universidade

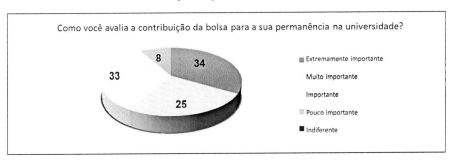

Fonte: elaborado pelo autor (2022)

Entretanto, ao se averiguar em relação ao valor expresso nas bolsas, se seria o suficiente para os custos mensais, 66,7% consideram pouco suficiente e insuficiente, revelando um déficit nesta questão. Em uma observação elaborada por Rolim e Soares (2013), destacou-se que para os bolsistas, realmente a quantia que lhes é ofertada é um valor baixo, no entanto, este favorece com uma parte das despesas e despende de um pouco mais de estabilidade, minimizando dessa maneira os impactos que a situação financeira pode causar em seu percurso acadêmico.

Além disso, todos os participantes declararam, que em sua percepção o quantitativo de bolsas ofertadas para o seu curso é inferior àquilo que se deveria ser fornecido, para que seja atendida a demanda de alunos. Essa condição, veio a ser comprovada por meio do levantamento desempenhado na pesquisa, a respeito do quantitativo de acadêmicos que ingressaram no campus XII entre os anos de 2019 e 2022, em comparação com a quantidade de bolsas fornecidas.

Adentraram na universidade do ano de 2019 até a produção deste artigo, um total de 521 alunos novos matriculados, destes, 107 para o curso de administração. E, foram fornecidas 98 bolsas de ensino, 153 de pesquisa e 81 de extensão, que somadas totalizam 332, assim comtemplando essa mesma quantidade de estudantes. Entretanto, destas, encaminharam-se para o bacharel em administração, 9 de ensino, 2 de pesquisa, vale evidenciar que estas de pesquisa identificadas foram as primeiras a serem contempladas para o curso somente no ano de 2022, e 6 para extensão, chegando a uma quantia de 17 bolsas.

Analisando-se a situação, percebe-se a discrepância relacionada a essa quantidade de bolsas concedidas para a graduação de administração com os demais cursos da instituição, considerando que das 332 bolsas, foram ofertadas somente 17 para o curso, leva-se a questionar os motivos dentre os quais estão por detrás dessa desigualdade. Dentre eles, pode-se alocar que para haver a proposta desse benefício é preciso os docentes dirijam projetos cujo foco seja voltado para a pesquisa, ensino e extensão, que vão trazer não só bolsas para os graduandos, bem como enriquece o currículo e aprendizagem.

Dessa forma, tornou-se possível verificar que uma parcela significativa dos bolsistas de monitoria do curso de Bacharel em Administração é pertencente a camada de baixa renda e que utilizam do benefício financeiro concedido como forma de auxiliar na manutenção de seus custos durante seu período na instituição de ensino. Além disso, fica perceptível o interesse expressivo para o graduando na obtenção de seu diploma e na sua inserção no mercado de trabalho, para a realização pessoal e profissional.

CONSIDERAÇÕES FINAIS

É de conhecimento que um dos objetivos de realização de vida de muitos jovens é ingressar em uma instituição de ensino superior e sair dela com o diploma em mãos, entretanto, muitas são as dificuldades enfrentadas após o egresso que podem atrapalhar essa jornada e até mesmo interrompê-la, dentre elas, a questão financeira é a mais presente, principalmente para aqueles de universidade pública.

Por essa razão, muitos são obrigados a recorrerem a diversas formas de auxílio vindos da própria instituição, como por exemplo as bolsas de monitoria, de ensino, pesquisa e extensão. Neste sentido, o presente estudo buscou analisar os reflexos expressos nessa ajuda financeira para os graduandos do curso de administração do Campus XII, em relação a sua permanência estudantil, atingindo o seu objetivo. Identificando a relevância que a graduação tem na realização tanto pessoal quanto profissional para a vida desses estudantes.

Foi possível ainda perceber que os problemas financeiros e a falta de tempo para dedicar-se aos estudos é dos principais fatores de dificuldade da conclusão do curso, e que a bolsa veio como uma forma não de suprir todos os gastos mensais, mas como uma ferramenta que contribuiu para ajudar a família em cobrir as despesas decorrentes e permitir a continuidade dos estudos.

Uma pesquisa realizada por Gros, Hossler e Ziskin (2007), identificou os benefícios que essa contribuição por parte da instituição, pode promover ampliando as taxas de persistência estudantil, dessa forma, é possível perceber o quanto as bolsas de monitoria pode influenciar, tanto para conceder uma graduação para um indivíduo de baixa renda, quanto para a sua inclusão socioeconômica no mercado de trabalho.

Sobre o quantitativo de bolsas ofertadas para os alunos, identifica-se que ainda se trata de uma quantidade deficitária, tendo em vistas a proporção do campus e quantidade de alunos que egressão a cada semestre, muitos estudantes não podem ser contemplados pela falta dessa oferta, a qual é ocasionada pela carência de projetos. Por isso, recomenda-se que haja mais incentivo para os docentes empenharem- se mais com ações como essa, e, portanto, perceberem a importância desse tipo de ação não somente para contribuir financeiramente e para a permanência estudantil, como ainda para um maior engrandecimento do curso, sendo uma forma de incentivo da busca por conhecimento e formação de melhores profissionais para o mercado de trabalho.

Contudo, é importante ressaltar que necessita também de haver um incentivo para que os estudantes se interessem em participar de projetos como esse, demonstrando as suas vantagens não somente econômica, pelo valor expresso pelas bolsas, mas como um modelo de desenvolvimento da sua formação profissional.

Recomenda-se que pesquisas acerca de outros motivos que prejudiquem o desempenho do estudante do ensino superior, para que se possa ser de conhecimento as contrariedades que impactam negativamente na sua plena atuação nas universidades públicas e para que elas possam encontrar soluções, auxiliando esses discentes em busca de sua realização de vida pessoal e profissional.

REFERÊNCIAS

BANCO CENTRAL DO BRASIL. Política Monetária: O que é inflação? **BCB**, [S. l.], 2022. Disponível em: https://www.bcb.gov.br/controleinflacao/oqueinflacao. Acesso em: 1 jun. 2022.

BRASIL. **Decreto Nº 7.234**, de 19 de julho de 2010. Dispõe sobre o Programa Nacional de Assistência Estudantil - PNAES. Brasília, 2010. Disponível em: http://www.planalto.gov.br/ccivil_03/_ato2007-2010/2010/decreto/d7234.htm. Acesso em: 10 out. 2022.

BRITO, A. C. T. de C.; SOUZA, K. R.; ALMEIDA, V. L. de. Política pública de assistência estudantil no Ensino Superior: o Programa Bolsa Permanência na Universidade Federal da Grande Dourados. **Revista Ibero-Americana de Estudos em Educação**, Araraquara, v. 16, n. 2, p. 508-523, 2021. Disponível em: https://periodicos.fclar.unesp.br/iberoamericana/article/view/13671. Acesso em: 10 out. 2022.

CETZAL, R. S. P.; MAC, C. C. R. Desempeño académico y experiencias de estudiantes universitarios mayas en Yucatán, México. **Revista de Educación Alteridad**, [S. l.], v. 13, n. 1, p. 120-131, jan.-jun. 2018. Disponível em: https://revistas.ups.edu.ec/index.php/alteridad/article/view/1.2018.09. Acesso em: 28 jun. 2022.

COMENTTO, Pesquisa de Mercado. **Calculadora Amostral**, [S. l.], 2018. Disponível em: https://comentto.com/calculadora-amostral/. Acesso em: 19 nov. 2022.

CONSELHO NACIONAL DE DESENVOLVIMENTO CIENTÍFICO E TECNOLÓGICO (CNPq). Bolsas. Brasília, 2018. Disponível em: http://www.cnpq.br/web/guest/view/-/journal_content/56_INSTANCE_0oED/10157/6123307. Acesso em: 10 out. 2022.

CONSELHO UNIVERSITARIO (CONSU). **Resolução nº 1.502/2022**. Aprova a atualização do Regulamento do Programa de Bolsas de Monitoria de Extensão / PROEX, e dá outras providências, [S. l.], 2022. Disponível em: http://conselhos.uneb.br/wp-content/uploads/2022/08/1502-consu-PROIEX.pdf. Acesso em: 2 out. 2022.

CONSELHO UNIVERSITARIO (CONSU). **Resolução nº 700/2009**. Altera a Resolução nº 507/07 – CONSU, que aprova o Regulamento de Monitorias de Ensino na UNEB, [S. l.], 2009. Disponível em: http://conselhos.uneb.br/wp-content/uploads/2021/08/700-consu-Res.-Regulamento-Monitoria-altera-507.pdf. Acesso em: 2 out. 2022.

COSTA, E. G. da; NEBEL, L. O quanto vale a dor? Estudo sobre a saúde mental de estudantes de pós-graduação no Brasil. **Polis online**, [S. l.], 2019. Disponível em: https://journals.openedition.org/polis/15816. Acesso em: 10 out. 2022.

DIEESE. **Pesquisa nacional da Cesta Básica de Alimentos:** salário-mínimo nominal e necessário. São Paulo, out. 2022. Disponível em: https://www.dieese. org.br/analisecestabasica/salarioMinimo.html#2022. Acesso em: 17 nov. 2022.

EIRAS, L. M. G. P. **A Economia Portuguesa e Mundial na Atualidade–Biénio 2020/2021**, [*S. l.*], 2021. Disponível em: https://repositorio.ual.pt/handle/11144/5371. Acesso em: 7 out. 2022.

EMPREENDEDORISMO cresce e bate recorde em meio à pandemia. **UOL**, [*S. l.*], 2020. Disponível em: https://economia.uol.com.br/colunas/nina--silva/2020/10/07/empreendedorismo-cresce-e-bate-recorde-em-meio-a-pandemia.htm. Acesso em: 15 jan. 2020.

FILHO, F. de H. B. A crise econômica de 2014/2017. **Estudos avançado**s, [*S. l.*], v. 31, p. 51-60, 2017. Disponível em: https://www.scielo.br/j/ea/a/BD4Nt6NX-Vr9y4v8tqZLJnDt/?lang. Acesso em: 24 out. 2022.

GIL, A. C. **Métodos e técnicas de pesquisa social**. 2. ed. São Paulo: Atlas S. A., 2002.

GOVERNO DO BRASIL. **Bons resultados dos indicadores brasileiros mostram que o Brasil avança na retomada econômica**, [*S. l.*], 2022. Disponível em: https://www.gov.br/ptbr/noticias/financas-impostos-e-gestao-publica/2022/04/os- bons-resultados-dos-indicadoresbrasileiros-mostram-que-o-brasil-avanca-na- retomadaeconomica#:~:text=Destaque%20no%20PIB%20brasileiro%20em,da%20S ecretaria%0de%20Pol%C3%ADtica%20Econ%C3%B4mica. Acesso em: 22 jun. 2022.

GROSS, J. P. K.; HOSSLER, D.; ZISKIN, M. Institutional Aid and Student Persistence: An Analysis of the Effects of Institutional Financial Aid at Public Four- Year Institutions. **Journal of Student Financial Aid**, [*S. l.*], v. 37, n. 1, 2007. Disponível em: https://ir.library.louisville.edu/cgi/viewcontent.cgi?article=1076&context=-jsfa1. Acesso em: 24 nov. 2022.

HERINGER, R. Democratização da educação superior no Brasil: das metas de inclusão ao sucesso acadêmico. **Revista Brasileira de Orientação Profissional**, Rio de Janeiro, v. 19, n. 1, p. 7-17, jan./jun. 2018. Disponível em: http://pepsic. bvsalud.org/scielo.php?script=sci_arttext&pid=S1679- 33902018000100003. Acesso em: 28 jun. 2022.

IBGE – INSTITUTO BRASILEIRO DE GEOGRAFIA E ESTATÍSTICA. Inflação: IBGE. [*S. l.*], 2022. Disponível em: https://www.ibge.gov.br/explica/inflacao.php. Acesso em: 5 dez. 2022.

INSTITUTO DE PESQUISA ECONÔMICA E APLICADA (IPEA). Carta de Conjuntura – 52. Nota 33 - 3° trimestre de 2021. [*S. l.*], 2021. Disponível em: https://www.ipea.gov.br/portal/images/stories/PDFs/conjuntura/210930_nota_33_visao_geral.pdf. Acesso em: 22 jun. 2022.

INSTITUTO DE PESQUISA ECONÔMICA E APLICADA (IPEA). Carta de Conjuntura – 54. Nota 34 - 1° trimestre de 2022. [*S. l.*], 2022. Disponível em: https://www.ipea.gov.br/portal/images/stories/PDFs/conjuntura/220331_cc_54_nota_34_visao_geral.pdf. Acesso em: 22 jun. 2022.

JACKSON, J. K. Global economic effects of COVID-19. **Congressional Research Service**, [*S. l.*], 2021. Disponível em: https://apps.dtic.mil/sti/pdfs/AD1152929.pdf. Acesso em: 8 out. 2022.

LOPES, M. S. da S. **Análise dos efeitos da pandemia da Covid-19 na economia mundial e no sistema Conselho Federal de Enfermagem/ Conselho Regional de Enfermagem do Amazonas**. 2021. Dissertação (Mestrado em Economia) – Universidade de Brasília, Brasília, 2021. Disponível em: https://repositorio.unb.br/handle/10482/41372. Acesso em: 8 out. 2022.

MARCONI, M. de A.; LAKATOS, E. M. **Fundamentos de Metodologia Científica**. 5. ed. São Paulo: Atlas S. A., 2003.

MOÇO, E. J.; CASTRO, A. B. C. de; SOUZA, M. da S. A pandemia de covid-19 e o impacto no orçamento das famílias. **Revista Fatecnológica da Fatec-Jahu**, São Paulo, v. 16, n. 1, p. 7-20, 2022. Disponível em: http:///fatecjahu.edu.br/ferramentas/ojs/index.php/revista/article/view/186/85. Acesso em: 8 out. 2022.

MORESI, E. **Metodologia Da Pesquisa**. Brasília, Brasil. Universidade católica de Brasília – UCB, 2003. Disponível em: http://www.inf.ufes.br/~pdcosta/ensino/2010-2-metodologia- de-pesquisa/MetodologiaPesquisa-Moresi2003.pdf. Acesso em: 10 out. 2022.

NETO, R. B. G. Impactos da covid-19 sobre a economia mundial. **Boletim de Conjuntura (BOCA)**, Boa Vista, v. 2, n. 5, p. 113-127, 2020. Disponível em: https://revista.ioles.com.br/boca/index.php/revista/article/view/134. Acesso em: 7 out. 2022.

NIPPES, G; PAVAN, M. Pandemia e Inflação: o Brasil do "Bolsocaro". **Revista Pet Economia Ufes**, [*S. l.*], v. 2, p. 23-27, ago. 2021. Disponível em: https://periodicos.ufes.br/peteconomia/article/view/36434/23871. Acesso em: 7 out. 2022.

OLIVEIRA, A. de. **POLÍTICA CIENTÍFICA NO BRASIL**: análise das políticas de fomento à pesquisa do CNPq. 2003. Dissertação (Mestrado em Educação) – Universidade Federal de Santa Catarina, Florianópolis, 2003. Disponível em: https://repositorio.ufsc.br/handle/123456789/85078. Acesso em: 10 out. 2022.

PAIXÃO, A. L. da; SANTANA, L. de J.; CARNEIRO, E. N. Embates enfrentados por residentes universitários meio a pandemia do Covid-19. Apontamentos de pesquisa: a pandemia Covid – 19: teologia, ciência e arte em conversas. **Brazil Publishing**, Curitiba, ed. 1, p. 97-116, 2020. Disponível em: https://mpies.uneb.br/wp- content/uploads/2021/01/Ebook-Everton-carneiro.pdf#page=97. Acesso em: 28 jun. 2022.

PEREIRA, A. S. *et al.* **Metodologia da pesquisa científica**. Santa Maria/RS: Universidade Federal de Santa Maria (UFSM), 2018. Disponível em: https://repositorio.ufsm.br/bitstream/handle/1/15824/Lic_Computacao_Metodologia-Pesquisa-Cientifica.pdf?sequence=1. Acesso em: 28 jun. 2022.

PORTAL BRASILEIRO DE DADOS ABERTOS. Conselho Nacional de Desenvolvimento Científico e Tecnológico – CNPq, [*S. l.*], 2022. Disponível em: https://dados.gov.br/organization/about/conselho-nacional-de-desenvolvimento-científico-e-tecnologico-cnpq. Acesso em: 10 out. 2022.

PRODANOV, C. C.; FREITAS, E. C. de. **Metodologia do trabalho científico**: métodos e Técnicas da Pesquisa e do Trabalho Acadêmico. 2. ed. Nova Hamburgo: Feevale, 2013.

QUINZANI, M. A. D. O avanço da pobreza e da desigualdade social como efeitos da crise da covid-19 e o estado de bem-estar social. **Revista UFRR**, Boa vista, v. 2, n. 6, p. 43-47, 2020. Disponível em: http://revista.ufrr.br/boca. Acesso em: 8 out. 2022.

RESENDE, A. L. *et al.* Economia brasileira: notas breves sobre as décadas de 1960 a 2020. **Instituto Millenium**, [*S. l.*], p. 1-18, 2018. Disponível em: http://iepecdg.com.br/wp-content/uploads/2018/02/180207ECONOMIA- BRASILEIRA.pdf. Acesso em: 24 out. 2022.

ROLIM, D. C.; SOARES, L. K. G. Impactos sociais do programa bolsa permanência em um instituto da Universidade Federal do Amazonas. *In:* ENCONTRO

NACIONAL DE PESQUISADORES EM GESTÃO SOCIAL - ENAPEGS 2013 - EIXO 3. GESTÃO SOCIAL DE POLÍTICAS PÚBLICAS, 7., 2013, Maranhão. **Anais [...]**. Maranhão, [*s. n.*], 2013. Disponível em: http://www.joinpp.ufma.br/jornadas/joinpp2013/JornadaEixo2013/anais-eixo15- impassesedesafiosdapoliticasdeeducacao/impactossociaisdoprogramabolsaperman enciaemuminstituto.pdf. Acesso em: 3 out. 2022.

SGAMATO, A. G. de L. **Orçamento Familiar Conteúdo Jurídico**. Brasília-DF, 2021. Disponível em: https://conteudojuridico.com.br/consulta/Artigos/57371/oramento- familiar. Acesso em: 8 out. 2022.

SILVA, A. C. R. da. **Metodologia da pesquisa aplicada à contabilidade**. Salvador: UFBA, Faculdade de Ciências Contábeis, 2017.

SOARES, J. de S.; REIS, S. M. A. de O. Acesso e permanência ao ensino superior: um olhar sobre os estudantes de pedagogia ingressantes na UNEB-Campus XII. *In:* SEMINÁRIO NACIONAL E SEMINÁRIO INTERNACIONAL POLÍTICAS PÚBLICAS, GESTÃO E PRÁXIS EDUCACIONAL, 8., 2021. **Anais [...]**. [*S. l.*], 2021. Disponível em: http://anais.uesb.br/index.php/semgepraxis/article/view/9546. Acesso em: 10 out. 2022.

ZBUINOVICZ, K. de F.; MARIOTTI, M. C. The vulnerabilities of university students: an integrative review. **SciELO Preprints**, [*S. l.*], 2021. Disponível em: https://preprints.scielo.org/index.php/scielo/preprint/view/3011. Acesso em: 28 jun. 2022.

MOTIVAÇÕES E FATORES QUE INFLUENCIAM AS COMPRAS NOS MARKETPLACES PELOS DISCENTES DE ADMINISTRAÇÃO DO *CAMPUS* XII DA UNEB

Márcia Xavier Cardoso[1]
Cláudio Roberto Meira de Oliveira[2]*
Antônio Bomfim Ribeiro[2]
Rogério Santos Marques[2]

INTRODUÇÃO

O advento da internet facilitou a disseminação e compartilhamento de informações, a sua capacidade de alcance juntamente com o poder das mídias sociais torna a comunicação com os consumidores mais assertiva. Com isso, o e-commerce está cada vez mais presente na vida das pessoas, sua facilidade para transações comerciais em plataformas eletrônicas permite que muitas empresas pensem em investir nesse modelo de negócio que em sua constante ascensão traz cada vez mais meios e modelos nesse segmento, como é o caso dos *marketplaces*.

Marketplace tem seu significado formado pela junção de *market* (mercado) e *place* (local), termos em inglês que, portanto, trata-se de um local específico para comercialização de produtos e/ou serviços. O *marketplace* on-line é uma plataforma onde permite que vários empreendedores ofereçam um mix de produtos em um só local para diversos tipos de consumidores finais, no qual as segmentações de produtos variam e os clientes poderão ter acesso a produtos totalmente distintos em um único local. É uma espécie de ecossistema de compras virtuais.

Hoje no Brasil há a atuação de vários tipos de *marketplaces* no âmbito virtual, sendo alguns exemplos: Shopee®, MercadoLivre®, Amazon® e AliExpress®. Tais exemplos são de empresas estrangeiras com atuação no

---

[1] Egressa do curso de Administração da Universidade do Estado da Bahia. E-mail: marciatatiane13@gmail.com

[2] Professores do curso de Administração do DEDC – *Campus* XII da Universidade do Estado da Bahia.

*Professor do Instituto Federal Baiano – *Campus* Guanambi. E-mail: claudiomeira@gmail.com

país, contudo empresas brasileiras também já começaram a operar nesse modelo de negócio, como o caso das empresas Magazine Luiza®, Americanas® e dentre outras.

A partir dessa ideia, entende-se que os *marketplaces*, possibilitam uma distribuição vertical por meio de fornecedores que estabelecem funções híbridas com revendedores dentro desses ecossistemas. Desta forma, existem relações entre todos os envolvidos nessas transações. Assim, além das questões comerciais entre os comprometidos diretamente com a venda, pergunta-se: quais as motivações e fatores que influenciam a intenção de compra pelos discentes de administração da UNEB campus XII?

Partindo da premissa do quão incipiente estão os estudos e pesquisas realizadas em torno desse tema (*marketplaces*) no Brasil e o quanto este tema está cada vez mais abrangente no cotidiano de muitas pessoas, o presente trabalho busca contribuir com mais discussões acerca desta temática para o espaço acadêmico, trazendo como objetivo: analisar os fatores internos das plataformas online de *marketplace* que estimulam a intenção de compra dos discentes de administração da UNEB - Campus XII, tal qual apresentar o perfil desses consumidores, bem como os principais produtos adquiridos.

Dessa maneira, espera-se que este estudo possa favorecer a disseminação do tema, promovendo aos âmbitos dos interessados mais conhecimentos sobre o assunto pesquisado.

OS MARKETPLACES: MUDANÇA NO COMPORTAMENTO CONSUMIDOR

O *marketplace* é uma plataforma on-line na qual possibilita vendedores ofertarem produtos para um número indeterminados de compradores. Diferentemente de uma loja virtual que costuma ser de apenas um dono e muitas vezes com vinculação de uma única marca, o *marketplace* agrupa diversas lojas e marcas numa só plataforma, predispondo assim também, uma gama variada de concorrentes com preços diferentes de um mesmo produto, propiciando, dessa forma, melhores preços para os consumidores finais (VARGAS, 2015).

Segundo o SEBRAE (2016), o *marketplace* se traduz como um shopping virtual, com características similares ao do shopping Center, no qual o objetivo desse canal é de gerar demanda para as empresas que ofertam nesse meio. Nesta perspectiva, ao contratar os serviços dos *marketplaces*, a loja virtual consequentemente, também se conecta com vários tipos de mídias digitais ligadas à plataforma, como por exemplo, os links patrocinados, redes sociais, e-mails de divulgações e até mesmo campanhas publicitárias em televisão, revista e jornais.

Sendo os *marketplaces* aglomerados de ofertas de produtos e serviços, há diversas transações comerciais possibilitadas dentro desse meio, cabendo destacar alguns modelos de tipos de negócios que a plataforma consegue abarcar:

- B2B (Business to Business), de empresas para empresas.

- B2C (Business to Consumer), de empresas para consumidores.

- C2C (Consumer to Consumer), de consumidores para consumidores.

- B2G (Business to Government), de empresas para Governo.

- G2C (Government to Citizen), de governo para cidadão.

(FERREIRA; LUCAS, 2018, p. 2-3).

Uma característica importante dos *marketplaces* que pode interessar as empresas que possui pouco contato nesse meio é que para inserir-se dentro dessa plataforma, não exige grandes investimentos ou maiores valores gastos com sites, divulgação, oferta de meios de pagamento, dentre outros, tornando assim, uma plataforma promissora para empresas com pouca experiência no e-commerce (SEBRAE, 2016).

Tratando um pouco mais sobre o funcionamento do *marketplace*, cabe destacar algumas das vantagens e desvantagens para consumidores e vendedores que operam na plataforma. As vantagens oferecidas aos vendedores são: maior credibilidade, o reconhecimento da marca, suporte de venda e logística, grande número de alcance e de fluxo de clientes em um único lugar e baixo investimento para começar, contudo as desvantagens são as seguintes: concorrência alta, custos dos serviços, limitações para promover seu canal próprio na plataforma, outros vendedores podem copiar suas ideias/mercados e mudanças constantes nos valores das taxas de serviços e das políticas da plataforma (RESCH; SILVA; PEREIRA, 2020).

Ainda segundo Resch, Silva e Pereira (2020), os consumidores também possuem vantagens e desvantagens em comprar nas plataformas de *marketplaces,* sendo algumas delas: vantagem de ter vários produtos em um só local, poder de comparar preços entre os fornecedores, avaliações disponíveis de outros usuários que adquiriram o produto antes e o poder de comprar produtos do exterior, pagando na moeda local. Como desvantagens, sumarizam-se: possibilidade de dependência das plataformas, visto que estas oferecem diversas formas de fidelidade e dificuldades em contatar o vendedor do produto.

Infere-se a partir disso que se foi o tempo em que o comprar pela internet era sinônimo de desconfianças, os modelos de *e-commerces* passou a ser uma das maiores fontes de rendas para os comerciantes, desde os pequenos às grandes empresas. A ramificação desses modelos de negócios está cada vez mais acelerada, na qual o crescimento de empresas e modalidades de negócios online está em plena expansão, como o caso do "m-commerce" (comércio móvel) que são compras feitas por smartphones (SETORMOVELEIRO, 2021).

MATERIAIS E MÉTODOS

Os estudos levantados a cerca desta pesquisa quanto a sua finalidade, trata-se de uma pesquisa básica, tal qual sem uma aplicação prática provável, obstina-se gerar conhecimentos novos para ciência e seu avanço (PRODANOV; FREITAS, 2013). Apresenta ainda natureza quantitativa, que é uma pesquisa que lida com fatos, onde a mensuração das variáveis se dar por métodos com critério matemático (MENEZES *et al.*, 2019).

A referida pesquisa ainda possui outras classificações, sendo um estudo de caráter descritivo que, segundo Marconi e Lakatos (2003) a pesquisa quantitativo-descritiva consiste em investigações com finalidade de analisar características, fenômenos ou fatos das principais variáveis sobre a pesquisa, aplicados artifícios quantitativos objetivando a coleta de dados com emprego dos procedimentos de amostragem.

Quanto aos procedimentos técnicos refere-se a uma pesquisa de campo, que se trata do "processo no qual o pesquisador está diretamente articulado com o espaço (fonte) do qual decorrem as suas informações" (MAZUCATO *et al.*, 2018, p. 65).

A estratégia para análise dos dados do artigo se deu por meio de leituras atentas com materiais de concordância com os objetivos da pesquisa e ainda, por se tratar de uma pesquisa quantitativa, houve a adoção de procedimentos de estatística para interpretação dos dados, com tabulação de gráficos e tabela com Excel da empresa Microsoft.

Desta forma, o procedimento para levantamento de dados foi obtido a partir da aplicação de questionários ao público-alvo relacionando a pesquisa cujo perfil procurou-se conhecer.

O estudo foi realizado na Universidade do Estado da Bahia (UNEB), *Campus* XII, localizado à Avenida Vanessa Cardoso, s/n, no bairro Ipanema, em Guanambi-BA, cidade do sudoeste baiano. A aplicação dos questionários foi realizada no dia 7 de outubro de 2022, no turno noturno com o número amostral de 50 alunos do curso de Administração do 2º, 4º, 6º e 8º semestre. O questionário foi composto de 10 questões objetivas com direito a uma única resposta, onde possuía perguntas sobre o perfil do entrevistado (idade e sexo) e outras questões pertinentes aos fatores de atração em plataformas de *marketplaces*.

RESULTADOS E DISCUSSÃO

Escolhidos de forma aleatória e por conveniência, obedecendo apenas o critério de serem compradores em plataformas de *marketplaces*, participaram da pesquisa um total de 50 alunos do curso de Administração, destes, inquiridos neste estudo, 20 (40%) é do sexo masculino e 30 (60%) corresponde ao sexo feminino. A seguir, serão tratados outros resultados aferidos na pesquisa.

O processo para analisar os fatores que influenciam a compra em plataformas on-line de *marketplaces* pelos discentes de administração da UNEB - Campus XII iniciou-se pela construção do perfil desses consumidores, bem como dos principais produtos adquiridos por eles.

Na construção do perfil de compra dos participantes, algumas vertentes foram traçadas. No que diz respeito à idade dos envolvidos, a maior parte está inserida no intervalo de 20 a 25 anos de idade, correspondente a 68% do total, os inquiridos restantes possuem um intervalo semelhante entre eles: 14% têm entre 25 a 30 anos, 10% possui idade superior e apenas 8% tem idade entre 17 a 20 anos.

Em relação à frequência de compra nas plataformas de *marketplaces*, os participantes relataram realizar compras mais modestas, com uma frequência mensal de uma a duas vezes, representando 80% das respostas na íntegra, já 18% afirmam comprar de três a cinco vezes por mês, nenhum (0%) compra de cinco a oito vezes por mês, mas (2%) respondeu utilizar plataformas de compras on-line (*marketplace*) mais de dez vezes ao mês.

À questão de quais eram os principais produtos comprados nos *marketplaces* on-line foram respondidas nas seguintes proporções: 21 (45%) dos inquiridos responderam eletrônicos, tipo Smartphones, Notebook e entre outros, seguido de 15 (32%) que disseram adquirir roupas e calçados, 8 (19%) optam por cremes, perfumes e outros itens de cosméticos e 2 (4%) disseram comprar eletrodomésticos e utensílios de casa.

Dessa forma, dos 50 inquiridos que relatam terem certa frequência mínima de compra, questionou-se também os valores gastos em sites de marketplaces e constatou-se que o ticket médio dos participantes fica em torno de R$ 100,00 à R$ 500,00, esse valor corresponde a 28 (56%) das respostas, o valor mínimo de menos de R$ 100,00 foi seguido pelas respostas de 14 (28%) ainda houve um empate técnico entre os que afirmam gastar entre R$ 500,00 a R$ 1.000,00 (8%) e mais de R$ 1.000,00 (8%).

Ainda com o intento de traçar melhor o perfil de compra dos participantes, foi questionada também a forma de pagamento utilizada nos *marketplaces* on-line, desta forma, pode se observar que cartão de crédito sai à frente de todos os outros meios de pagamento, correspondendo a 82% das respostas dos inquiridos, ainda 14% afirmam utilizar a modalidade do Pix instantâneo, 2% deles pagam pelo boleto bancário e 2% dos indivíduos utilizam o cartão de débito.

Assim, faz-se necessário realizar um paralelo desses valores coletados com a pesquisa realizada pela Neotrust, empresa supervisora do comércio eletrônico no país. A pesquisa levantada em 2021 traz alguns dados semelhantes e importantes a que compete mencioná-los aqui: o ticket médio no Brasil ficou numa média de R$ 455,00. Já quanto aos segmentos que tiveram maior número de pedido, foram: moda, beleza e saúde. Contudo os segmentos que mais tiveram faturamento foram os de celulares, eletrodomésticos e eletroeletrônicos (PLUGG.TO, 2021).

A Neotrust trouxe também dados sobre a forma de pagamento, na qual mesmo o Pix ser a ferramenta do momento, na hora de pagar os brasileiros ainda utilizam os meios mais tradicionais, o favorito é o cartão de crédito com 69,7% de adesão. E que as mulheres são as que mais realizam o consumo on-line, cerca de 58,9% (PLUGG.TO, 2021).

A respeito disso, a preferência dos brasileiros não está crescendo apenas nas plataformas on-line de compras, mas também no meio escolhido para pagamento, na qual os consumidores estão preferindo o meio on-line, como o Pix, mesmo o cartão de crédito ainda ser o mais utilizado, a tendência do on-line está presente e com forte propensão à ascensão (ALMEIDA, 2022).

Retomando os dados desse estudo, no que diz respeito à plataforma mais utilizada pelos discentes da Universidade, a maioria utiliza uma das mais novas plataformas de *marketplace*, a estrangeira com filial no Brasil, Shopee®, cerca de 61% responderam utilizar com mais frequência a líder do Sudeste Asiático. Ainda sobre o tipo de *marketplace* online mais utilizado pelos inquiridos, 17% utilizam o Mercado Livre®, 12% Amazon® e 10% apontaram a opção "outros" como resposta. Esses valores foram representados abaixo pelo Gráfico 1 que demonstram esses resultados em porcentagens.

Gráfico 1 – Marketplaces mais utilizados pelos estudantes do curso de Administração

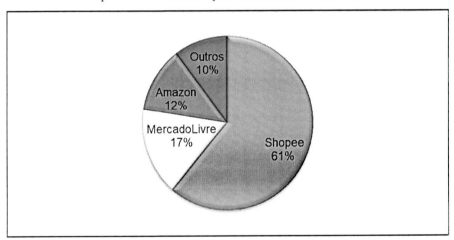

Fonte: elaborado pelo autor (2022)

Esses valores se diferenciam dos apresentados pelo Relatório Setores do E-commerce no Brasil que, mensalmente traz o ranking dos principais e-commerces do país, no mês de outubro de 2022 dentre os mais utilizados, o ranking traz os 10 principais, cabendo citar aqui os três primeiros que condizem com os dados desse estudo. Em primeiro lugar, com 14,1% está o Mercado Livre® como o mais escolhido para as compras pelos brasileiros, seguido dele está a Shopee® com 10% e Amazon® vem em terceiro lugar com 6,9%. Nota-se então que realmente como foram expostos neste estudo, esses são os mais utilizados tipos de *marketplaces* pelo Brasil (IVO, 2022).

O estudo levantado por essa pesquisa foi objetivado por analisar os motivos e fatores de atração que influenciam a compra em plataformas do *marketplace* on-line, sendo assim, os inquiridos da pesquisa responderam algumas perguntas correlacionadas a isso e que se faz necessário demostrar tais aferimentos.

Foi questionado aos participantes, o que eles levam mais em consideração ao adquirir um produto do *marketplace* e as respostas obtidas, foram as seguintes: **23 (46%) dos indivíduos disseram consideram a avaliação do produto por outros usuários um fatos para tomada de decisão de compra, enquanto 10 (20%) inquiridos optam pelo valor do frete e prazo de entrega, juntamente com esse mesmo valor, 10 (20%) também opta pela credibilidade da loja/marca e, 7 (14%) analisam preços e promoções antes de adquirir um produto (Gráfico 2).**

Gráfico 2 – Considerações ao adquirir um produto do Marketplace

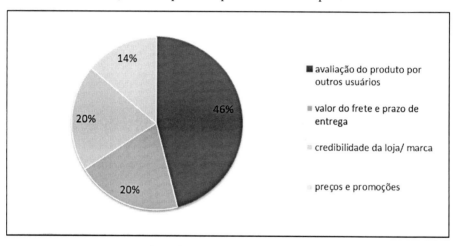

Fonte: elaborado pelo autor (2022)

A partir desses valores representados no gráfico acima, pode se observar que dentre os fatores que influenciam o comportamento dos e-consumidores, o preço e promoções não é o principal motivo de atração para compras on-line, fato este que é contrário ao observado comumente em lojas físicas que tem em suas vitrines preços e promoções como exposição para atração. Ao adquirir algo pelo *marketplace* on-line, os consumidores demonstraram que a avaliação feita por outros usuários, a reputação da loja/marca e os valores do frete com o prazo de entrega são os fatores que mais importam na hora das compras on-line.

A avaliação feita por outros consumidores anteriores que adquiriram o produto é muito importante e deve ser levada em conta pelos comerciantes na hora de analisar tais feedbacks:

> É importante para as organizações, e principalmente para os gestores das organizações, resolver as insatisfações dos seus consumidores para minimizar comentários que podem prejudicar a imagem da empresa, e consequentemente, garantir a reversão da insatisfação do consumidor (RANCHI; VICENZI, 2018, p. 112).

À questão do que mais influencia a optar por comprar em plataformas de *marketplaces*, as respostas possuem uma margem de variação próximas, 17 (34%) inquiridos optam por utilizar essa modalidade de compra pela comodidade e acessibilidade, 15 (30%) disseram ser a possiblidade de comparar produtos, preços e marcas, 14 (28%) indivíduos são atraídos pela variedade de produtos e ainda 4 (8%) ponderam escolher comprar nesse meio, pela segurança e privacidade, como pode ser observado no Gráfico 3.

Gráfico 3 – Influências que levam os estudantes do curso de Administração a comprar em plataformas de Marketplace

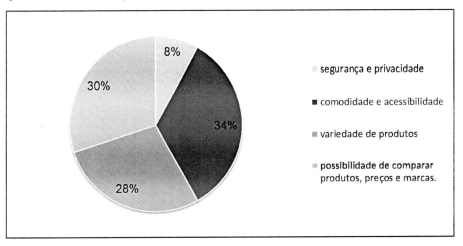

Fonte: elaborado pelo autor (2022)

Frente a isso, a figura 3 representa a porcentagem envolvida ao motivo que leva as pessoas a escolherem comprar em *marketplaces* ao invés de algum outro tipo de modalidade. Nota-se que o comodismo e a facilidade são algo que se destaca, oposto a ter que se deslocarem até uma loja física, compras on-line permite ao consumidor adquirir algo a qualquer momento do dia e de onde estiver necessitando apenas de acesso à internet e possuir algum meio para pagamento.

Observa-se ainda que o processo de opção em adquirir produtos pelos inquiridos do estudo, em *marketplaces,* se deu pela comodidade e acessibilidade, fato este que pode ser escolhido pelo consumidor no processo de sua busca ao decidir adquirir algo, as determinantes de sua escolha é influenciada na falta ou no excesso de informações recebidas sobre o produto no momento em que se cria uma necessidade de compra, sobre isso Morgado (2003, p. 28-29) diz: "Se o consumidor não perceber diferenças, particularmente de preço, entre os diversos varejistas, é provável que não invista tempo para visitá-los, decidindo comprar no mais conveniente".

A respeito do motivo e fator de atração para comprar nos *marketplaces,* foi questionado aos inquiridos o que dentro dos sites de compras dessa modalidade, influenciam a finalizar a compra, desta forma, os fatores apontados foram: 31 (62%) disseram ser o frete grátis oferecidos pelas plataformas, 12 (24%) são atraídos pelos cupons de descontos, ainda há 5 (10%) que tem como motivo o prazo curto de entrega e 2 (4%) indivíduos que são influenciados pelos benefícios que ganham no pós compra, como "cupons" e "moedas".

A Tabela 1 a seguir demonstra por meio das quantidades de respostas e suas respectivas porcentagens, os fatores que mais atuam na atração dentro das plataformas de *marketplaces,* o que há nos sites desse tipo de negócio que os leva a sentirem atraídos pela efetivação da compra.

Tabela 1 – Qual desses itens abaixo você considera que mais te influência a finalizar uma compra em plataformas de *Marketplace?*

Influências	Quantidades	Porcentagens
Cupons de desconto	12	24%
Frete grátis	31	62%
Prazo curto de entrega	5	10%
Benefícios que ganha pós-compra	2	4%
Total	**50 respostas**	**100%**

Fonte: elaborado pelo autor (2022)

Assim, os dados da tabela 1 ajudam a elucidar os fatores que influenciam as compras nos *marketplaces* pelos discentes em estudo, observando que o frete grátis é o motivo principal para eles, pois além da comodidade de realizar a compra pelo conforto de casa, os consumidores ainda buscam lojas que os ofereçam esse serviço (*marketplaces*) sem cobrança extra para entrega.

A partir dessas explanações, vale a ressalva à pesquisa realizada pela Neotrust (empresa supervisora do comércio eletrônico no país) que apresenta dados similares aos deste estudo, na qual revela que os motivos pelos quais os brasileiros preferem os canais de marketplaces, são: preços competitivos, opções de entrega rápida e a variedade de produtos, com isso os dados apresentados, reafirma este estudo (PLUGG.TO, 2021).

Outro fato condizente com este estudo é o de que, segundo Rondinelli (2022), 74% dos usuários observam antes as avaliações feitas aos vendedores e aos produtos, na pesquisa levantada por este estudo esse valor foi de 46%, porém ficou sendo esta a opção mais votada pelos usuários sobre o que levam mais consideração ao adquirir um produto do marketplace.

CONSIDERAÇÕES FINAIS

Este estudo conseguiu demonstrar que os *marketplaces* realmente estão cada vez mais presentes no dia a dia das pessoas como opção para compras, sendo um local de diversificação em termos de produtos e marcas para os usuários que, em sua opção de escolha, opta pela acessibilidade e conforto na hora das compras.

Desta forma, a partir dos dados coletados e tendo em vista as variáveis observadas, pode-se constatar que o perfil predominante entre os consumidores do *marketplace* on-line do curso de administração da UNEB se descreve em sua maioria por jovens com idade entre 20 a 25 anos, que compram de uma a duas vezes por mês, gastando um valor entre R\$ 100,00 a R\$ 500,00, tendo como forma de pagamento preferencial o cartão de crédito, realizando suas aquisições de produtos em sua grande maioria na Shopee, na qual compram itens de eletrônicos em geral.

Outra característica percebida entre os inquiridos é que estes consideram a avaliação feita por outros usuários anteriormente para adquirir um produto, eles ainda possuem seu perfil traçado com a peculiaridade de comprar nos marketplaces pelo motivo de comodidade e acessibilidade, tendo no frete grátis forte influência ou atrativo, para realizarem uma compra.

Contudo, ainda ressaltando o quão ainda são poucas e novas as pesquisas referentes a *marketplaces*, cabe aqui mencionar a importância de ser essa uma temática que necessita sempre de atualizações, haja vista que as tecnologias envolvidas a ela estão sempre inovando.

Desta forma, infere-se que a era dos *marketplaces* poderá ser ainda mais promissora se os envolvidos atentarem às pesquisas de mercado que apontam tendências, além de buscarem sempre novidades com inovações que atendam o perfil dos e-consumidores cada vez mais exigentes, uma vez que as novas gerações possuem grande predisposição a realizar suas aquisições de produtos pela internet.

REFERÊNCIAS

ALMEIDA, L. Cresce preferência dos brasileiros por meios de pagamentos on-line. **Inset,** [*S. l.*]. Disponível em: https://www.inset.com.br/dinheiro/cresce-preferencia-dos-brasileiros-por-meios-de-pagamento-on-line. Acesso em: 28 nov. 2022.

FERREIRA, D. V.; L. C. A. E-COMMERCE OU MARKETPLACE: APLICABILIDADE NO VAREJO. **Revista EduFatec: educação, tecnologia e gestão,** Franca, v. 1, n. 1, p. 2-18. jan./jun. 2018.

IVO, D. E-commerce no Brasil: conheça os principais dados, o market share, o crescimento e as principais estatísticas, com atualização mensal. **Conversion,** [*s. d.*]. [*S. l.*]. Disponível em: https://www.conversion.com.br/blog/relatorio-ecommerce-mensal/. Acesso em: 2 nov. 2022.

MARCONI, M. A.; LAKATOS, E. M. **Fundamentos de metodologia científica.** 5. ed. São Paulo: Atlas, 2003.

MAZUCATO, T. *et al.* **Metodologia da pesquisa e do trabalho científico.** São Paulo: FUNEPE, 2018.

MENEZES, A. H. N.; DUARTE, F. R.; CARVALHO, L. O. R.; SOUZA, T. E. S. **Metodologia científica:** teoria e aplicação na educação à distância. Petrolina: Editora Fundação Universidade do Vale do São Francisco, 2019.

MORGADO, M. G. **Comportamento do consumidor online:** perfil, uso da Internet e atitudes. 2003. 159f. Tese (Doutorado em Mercadologia) — Escola de Administração de Empresas de São Paulo da Fundação Getúlio Vargas (FGV EAESP), São Paulo, 2003.

PLUGG.TO. **E-commerce e marketplaces tem alta adesão com clientes brasileiros**. São Paulo, [s. d.]. Disponível em: https://plugg.to/e-commerce-e--marketplaces-tem-alta-adesao-com-clientes-brasileiros/. Acesso em: 2 nov. 2022.

PRODANOV, C. C.; FREITAS, E. C. **Metodologia do trabalho científico** [recurso eletrônico]: métodos e técnicas da pesquisa e do trabalho acadêmico. 2. ed. Novo Hamburgo: Feevale, 2013.

RESCH, S.; SILVA, J. N.; PEREIRA, J. A. MARKETPLACES E AS TRANSFOR-MAÇÕES NO VAREJO: O ecossistema de serviços de empresas que operam no Brasil. **Revista Organizações em Contexto**, São Paulo, v. 18, n. 36, 2022.

RONCHI, L.; VICENZI, T. K. **Comportamento do consumidor.** Indaial: Uniasselvi, 2018. 218 p: il.

RONDINELLI, J. PESQUISA: CONSUMIDOR BRASILEIRO ESTÁ EM BUSCA DE EXPERIÊNCIAS DE ALTA QUALIDADE. **E-Commerce Brasil**, [S. l.]. 2021. Disponível em: https://www.ecommercebrasil.com.br/noticias/pesquisa-consumidor-brasileiro-experiencias-de-alta-qualidade. Acesso em: 2 nov. 2022.

SEBRAE. **Cartilha de canais de comercialização:** marketplace. Fortaleza, [s. d.]. Disponível em: https://www.sebrae.com.br/Sebrae/Portal%20Sebrae/UFs/CE/Anexos/Cartilha%20Canais%20de%20Comercializa%C3%A7%C3%A3o%20-%20Marketplace.pdf. Acesso em: 25 set. 2022.

SETOR MOVELEIRO. '**Visão dos shoppers'**: A experiência do marketplace no Brasil. Curitiba, [s. d.]. Disponível em: https://setormoveleiro.com.br/visao--dos-shoppers-experiencia-do-marketplace-no-brasil/. Acesso em: 28 nov. 2022.

VARGAS, Stefani. **Como funciona o marketplace no varejo online? E-Commerce Brasil**, [S. l.], 2015. Disponível em: https://www.ecommercebrasil.com.br/artigos/como-funciona-o-marketplace-no-varejo-online. Acesso em: 25 set. 2022.

MARKETING DE INFLUÊNCIA E O EMPREENDEDORISMO FEMININO NEGRO NA CIDADE DE IPIAÚ-BAHIA

Iara de Oliveira e Oliveira[1]
Andressa de Sousa Santos Ferreira[2]
Inamara Joice dos Santos[3]

INTRODUÇÃO

Diante do cenário atual marcada pela era da tecnologia, onde por meio da internet se tem acesso há inúmeros produtos de maneira rápida e prática, destacando a importância e influência do marketing digital para fomento, divulgação, ampliação dos negócios, tanto quanto para atrair consumidores, que na qual está presente em praticamente os todos os ramos de negócios do pequeno aos grandes empresários, muitas são as estratégias utilizadas para atrair seus consumidores. O empreendedorismo feminino negro também se beneficia de tais avanços que contribuem para impulsionar seus negócios de mulheres negras.

O Marketing de influência vem se destacando nas empresas, e assumindo um papel importante, evidenciando a necessidade de aplicações voltadas para esta área, na qual traz retorno significativos. O mercado está em constantes evoluções, sendo necessário se adaptar a elas, devido a fatores econômicos, políticos e sociais. Kotler (2017, p. 341) afirma que "a conectividade acelera a dinâmica dos mercados a ponto de ser praticamente impossível para a empresa ficar sozinha e depender apenas dos recursos internos para ser bem-sucedida".

Buscando compreender e identificar as estratégias e desafios que o empreendedorismo feminino negro na era digital apresentam, principal-

---

[1] Administradora pela Universidade do Estado da Bahia- *Campus* XII. E-mail: iaraoliveiraeoliveira@gmail.com.

[2] Administradora. Doutoranda Em Estudos Interdisciplinares em Mulheres, Gênero e Feminismo pela Universidade do Federal da Bahia, campus XXI. Professora da Universidade do Estado da Bahia, *Campus* XXI Ipiaú, Bahia, Brasil. Participa do Grupo de Estudo Em Pesquisa e Desenvolvimento Regional, Inovação e Sustentabilidade (GEPDIS) e do Estudo do coletivo Afrodiaspórico.

[3] Graduanda do 8° semestre do curso de Administração da Universidade do Estado da Bahia- *Campus* XII. Bolsista do programa de Ações Afirmativas PROAF.

mente diante da pandemia da Covid-19. Afinal, empreendedoras negras e empreendedores negros "movimentam R$ 1,7 trilhão por ano no Brasil" (ITAÚ MULHER EMPREENDEDORA, 2020). De modo que, evidencia-se também a importância de publicações científicas sobre os conceitos supracitados no ambiente acadêmico, para ter material de acesso para futuros pesquisadores da área. Com uma diversidade de informações recebidas diariamente, ter uma visão crítica da realidade passada é um ponto crucial para mudanças precisas.

Neste contexto, a pesquisa teve como objetivo compreender a relevância do empreendedorismo feminino negro no ambiente virtual, identificando as estratégias utilizadas e o combate ao racismo estrutural, de mulheres negras empreendedoras da cidade de Ipiaú-Bahia. De modo específico, a) apresentar as correntes teóricas do empreendedorismo negro e o impacto na economia; e b) levantar perfis das redes sociais de empreendedoras negras da cidade de Ipiaú.

Assim, a proposta visa colaborar com informações necessárias sobre Marketing e empreendedorismo para a comunidade, principalmente mulheres negras empreendedoras, e que elas possam adquirir mais conhecimentos para colocar em prática nos seus negócios. Por isso a pesquisa é importante, pois, "a 'guerra' diária que requer um olhar científico e indagador, e a experiência com a pesquisa científica traz à tona todo esse potencial humano, pois o processo de aprendizagem é de extrema complexidade" (NERVO; FERREIRA, 2015).

DESENVOLVIMENTO

Atualmente, a tecnologia é um dos pilares essenciais e imprescindíveis no mercado, no qual muitas são as estratégias que podem ser utilizadas com o auxílio das mídias digitas, sendo o marketing digital um dos impulsionados no mercado, que visa atrair e fidelizar os seus consumidores, tornando importante no processo decisório deles (KOTLER, 2017).

A tecnologia modificou as relações entre o cliente e marca, proporcionando uma aproximação maior, assumindo um papel que possibilita e visa influenciar seus consumidores adquirirem tal produto citado. Para Matos (2018, s/p), "Marketing de Influência, ou Influencer Marketing, diz respeito a uma estratégia de marketing digital envolvendo produtores de conteúdo independentes com influência sobre grandes públicos extremamente engajados".

Marketing de influência consiste em estratégias que utilizam pessoas influentes com um determinado público, que tem o potencial de se interessar pela marca que o *influencer* promove ou consome. Essa estratégia pode ser utilizada tanto para gerar novos contatos para a empresa quanto para ações voltadas para venda. Segundo Politi (2017), é a partir dos influenciadores que as marcas estabelecem e nutrem uma relação com os consumidores potenciais "[...] e assim conduzem o público que os seguem a uma decisão de compra favorável".

O empoderamento feminino, por sua vez, tem ganhado destaque para as marcas e para estudiosos da área. De acordo com Kotler (2017, p. 604), a influência das mulheres em casa e no trabalho está crescendo, "[...] como coletoras de informações, compradoras holísticas e gerentes do lar, as mulheres são fundamentais [...]". Assim, o movimento de valorização de mulheres consolida o Marketing de Influência entre influenciadoras e seguidoras; e estimula ações que estabelecem a equidade de gênero e poder de consumo. Todo esse fenômeno social dispõe de características específicas que contribuem no processo do empreendedorismo, viabilizando um progresso diversificado e inovador.

O processo para iniciar uma estratégia de marketing de influência vai muito além do que contratar uma pessoa com grande número de seguidores. É preciso entender todas as nuances da marca e escolher a influenciadora que convirja discurso e ações mais próximas dos valores da empresa. Escolher erroneamente pode acarretar um ruído entre a percepção que os clientes têm da marca e a mensagem que realmente deveria ser enviada ao receptor.

As plataformas digitais se mostram como uma das grandes aliadas das empreendedoras já que, nas redes sociais elas, conseguem edificar a marca e chegar aos seus clientes. As redes sociais se tornaram grande aliadas para os negócios, se tornado cada vez mais importante que as empreendedoras conheçam e aprendam a manusear essas ferramentas.

O empreendedorismo é uma temática abrangente, na qual perpassa por diversas circunstâncias, sejam elas o do empreendedorismo por oportunidade ou por necessidade; e/ou empreendedorismo social, tendo o contexto social que o indivíduo está inserido um dos fatores nessa busca e escolha do negócio. Segundo Dornelas (2016, p. 44), "o termo 'empreendedorismo' pode ser definido como o envolvimento de pessoas e processos que, em conjunto, levam à transformação de ideias em oportunidades". Logo, empreender é um processo que tem como foco o ato de fazer negócios, gerando desenvolvimento, por processo de transformações em sua contextualização ao decorrer da história.

Para Drucker (1909), é importante desenvolver o espírito empreendedor, um atributo específico, na qual tende ter reações rápidas às mudanças advindas, analisando essas como oportunidades e buscando se beneficiar delas. A inovação é um fator singular do espírito empreendedor, que precisa ser monitorada constantemente, pois podem provocar mudanças, que influenciam na manutenção do empreendimento, devendo ser atualizadas na medida em que o cenário demandar.

A história do empreendedorismo no Brasil, perpassa por uma raiz afrocentrada, que nasce das lutas dos negros pela sobrevivência, liberdade, resistência à escravidão e violência, na qual prosperamente se encontra várias iniciativas que dão visibilidade ao legado. Porém ainda existe a invisibilidade da trajetória e origem do empreendedorismo enfatizando essa origem, bem como de empresários e empresárias negras no mercado. Nogueira (2013) faz a associação a exclusões vivenciadas pela população negra, que viviam à mercê da própria sorte, pelo atraso educacional e falta de oportunidades no mercado altamente competitivo. O empreendedorismo entre/pelos negros buscou na coletividade, o apoio para esse processo de ascensão.

O ato de empreender fez com que a população negra sobrevivesse ao racismo estruturado e muitas vezes institucionalizado e lutar pelos seus direitos. O afroemprendorismo se alinha a essas vivências da população negra que busca empreender e tem seus negócios produzidos e geridos por e para negros, e aos que não norteiam seus produtos e serviços prestados exclusivamente para negros. Para Santos (2019), essas vertentes do afroempreendedorismo têm como objetivo unir história, ancestralidades e inovação em um mesmo negócio, buscando englobar outros grupos étnicos.

As mulheres negras são grandes percussoras deste movimento, porém é válido abordar que o processo de inserção das mulheres negras no mercado de trabalho, é marcado pela discriminação, preconceito e racismo, que perpetuam até os dias atuais. Onde recaem sobre elas estereótipos que estão impregnadas na sociedade historicamente, e por estarem inseridas em contextos sociais que as tornam ainda mais vulneráveis, assumindo papeis que iam além do trabalho braçal, afazeres domésticos, cuidar da família, e ainda convivendo com os maus tratos e a violência sexual e física.

> No que dizia respeito ao trabalho, a força e a produtividade sob a ameaça do açoite eram mais relevantes do que questões

> relativas ao sexo. Nesse sentido, a opressão das mulheres era idêntica à dos homens. Mas as mulheres também sofriam de forma diferente, porque eram vítimas de abuso sexual e outros maus-tratos bárbaros que só poderiam ser infligidos a elas [...] (DAVIS, 2016, p. 25).

A mulher negra quando busca inserir nesses espaços, traz consigo vivências marcadas por dificuldades, discriminação, mas também uma mudança na realidade e na estrutura da sociedade. Conforme Santos (2019, p. 65), ao empreender, "a mulher negra promove valorização da autoestima e independência econômica emancipação. [...]. Este movimento de emancipação impacta inclusive na percepção no lugar de fala da mulher negra no contexto socioeconômico e político".

Apesar de ainda notar as desigualdades de gênero, a mulher vem lutando há anos por equidade social e conquistando seus espaços e demostrando sua eficiência e eficaz no que se propõem a realizar. Segundo Relatório realizada pesquisa Global Entrepreneurship Monitor (GEM, 2020) em parceria com o Sebrae, o Brasil é sétimo país com o maior número de mulheres empreendedoras, onde dos 52 milhões de empreendedores, 30 milhões (48%) são mulheres.

De acordos dados do Sebrae (2021), as empreendedoras negras foram a mais afetadas na pandemia da Covid-19 entre os grupos de empresários no Brasil, com queda de 16% entre o 1º e 2º trimestre de 2020; no 2º trimestre de 2021 continuava 3% abaixo do 1º trimestre do ano anterior. Por isso, as discussões sobre a inclusão da mulher negra no mercado de trabalho, tem correlação com o feminismo negro, marcados por lutas por: inclusão, direitos, sobrevivência, resistência, na promoção e emancipação econômica das mulheres.

Lélia Gonzalez traz em seu livro o "Lugar de Negro" importantes contribuições sobre os espaços atribuídos aos negros na sociedade, bem como os movimentos e organização dos negros em prol discriminação são fundamentais, como forma de resistência e mecanismo de lutas, propondo debates, informação e conscientização da comunidade negra atuando como participação ativa de outros setores da sociedade, evidenciando os danos social causados pelo racismo. Advertindo sobre o sexismo, que muitas vezes impunha ao segmento feminino contínuos processos de silenciamento; foi justamente a dificuldade de falar e de serem ouvidas que fez com que militantes negras percebessem a necessidade de participar de maneira efetiva do movimento feminista (GONZALEZ; HASENBALG, 1982)

Nesse sentido, Lélia foi pioneira ao questionar o caráter classista e racista do feminismo hegemônico, cujas ações negligenciavam as demandas e especificidades das afrodescendentes.

> Apesar das poucas e honrosas exceções para entender a situação da mulher negra [...], poderíamos dizer que a dependência cultural é uma das características do movimento de mulheres em nosso país. As intelectuais e ativistas tendem a reproduzir a postura do feminismo europeu e norte-americano ao minimizar, ou até mesmo deixar de reconhecer, a especificidade da natureza da experiência do patriarcalismo por parte de mulheres negras, indígenas e de países antes colonizados. (GONZALEZ, 2008, p. 36).

Santos (2019) em suas definições sobre o afroempreendedorismo, traz duas vertentes na qual abrangem a perspectiva dos empreendedores negro, no aspecto amplo que se refere aqueles que não se limitam ou restringem seus negócios apenas para negros, enquanto no restrito estes tendem a designar seus produtos e ou serviços para os consumidores negros. Ambos visam estabelecer o compromisso étnico-racial, com ideias e atuações antirracistas e discriminatórias.

> Afroempreendedorismo em sentido amplo, diz respeito ao movimento empreendedor realizado por negras e negros. Tal movimento no que tange seu nicho de atuação, não necessariamente deve se restringir a grupos de consumidores negros, podendo alcançar outros grupos étnicos sem que isso comprometa a sua estrutura. Afroempreendedorismo em sentido estrito, por sua vez, diz respeito ao movimento empreendedor realizado por negras e negros, comprometidos em estruturar uma cadeia produtiva que respeite a questão racial, privilegiando práticas antirracistas em todos os momentos da construção do ato de empreender (SANTOS, 2019, p. 37-38).

Quando se pretende analisar e discutir sobre o Afroempreendedorismo, entende-se que alguns fatores contribuem e influência neste processo, sendo o racismo um deles. Os empreendedores negros enfrentam e convivem com o racismo estrutural em todas as esferas da vida, e no mundo dos negócios não é diferente, porém o ato de pessoas negras empreender é uma das estratégias para o combate ao racismo com posturas por meio de práticas e antirracistas, denúncias e repudio total ao racismo.

> Consciente de que o racismo é parte da estrutura social e, por isso, não necessita de intenção para se manifestar, por mais que calar-se diante do racismo não faça do indivíduo moral e/ou juridicamente culpado ou responsável, certamente o silêncio o torna ética e politicamente responsável pela manutenção do racismo. A mudança da sociedade não se faz apenas com denúncias ou com o repúdio moral do racismo: depende, antes de tudo, da tomada de posturas e da adoção de práticas antirracista (ALMEIDA, 2019, p. 34).

Carneiro (2003) em "Mulheres em Movimento" sobre o feminismo, dialoga acerca das lutas vivenciadas pelas mulheres e na sociedade brasileira, que perpassam da busca da autonomia sobre seus corpos, desigualdade de gênero, o papel das mulheres negras que são advindas de na concepção de mulher, negra, em tese pobre, que estão inseridas em um contexto de vulnerabilidade social e econômica. Sendo a comunicação um reflexo na sociedade, as mulheres pretas são as minorias que estão representadas nas mídias.

O empreendedorismo negro, impulsiona e contribui para o desenvolvimento regional além de ser forte meio utilizado para combate às desigualdades raciais, trazendo em seus negócios a herança dos povos africanos e da escravização. Nogueira (2013, p. 258) ressalta que "além de pensarmos em alternativas e soluções para o enfrentamento do racismo e a promoção da igualdade racial, devemos considerar o direito ao trabalho como eixo central nas estratégias de promoção do desenvolvimento, e, no caso da população negra, promover oportunidades e capacidade".

Neste contexto evidencia-se que as mulheres negras vêm buscar, por meio das técnicas que utilizam pelo reconhecimento do seu trabalho, a criação de espaços únicos de resistência, educação e criatividade, onde possam exercer o poder de se auto representar e de intervenção política. Os negócios geridos por mulheres negras são tão necessários e disruptivos, diante de em uma cultura racista sexista e antilectual, para contestar o papel de antagonismo que a sociedade impõe a elas.

A pesquisa se classifica como exploratória pois é um tema novo e pouco estudado. As pesquisas exploratórias "possibilitam aumentar o conhecimento do pesquisador sobre os fatos, permitindo a formulação mais precisa de problemas, criar novas hipóteses e realizar novas pesquisas mais estruturadas" (OLIVEIRA, 2011, p. 20). Uma das coletas de dados utilizadas foi a pesquisa bibliográfica cuja "finalidade é colocar o pesquisador em contato direto com tudo o que foi escrito, dito ou filmado sobre determinado assunto, inclusive conferências seguidas de debates que tenham sido transcritos por alguma forma, quer publicadas, quer gravadas" (LAKATOS; MARCONI, 2003, p. 182).

Foram escolhidos autores bases para a elaboração do artigo: o primeiro Philip Kotler (2017) para dialogar com o marketing de influência, Dornelas (2016) e Drucker (1909) sobre empreendedorismo. Nogueira (2013) e Almeida e Santos (2019) trazem principais contribuições que norteiam os debates e definições do empreendedorismo negro, e os principais dados do Sebrae sobre as temáticas.

Para atingir os objetivos propostos em torno de do empreendedorismo de mulheres negras, ambiente digital, racismo e estratégias utilizadas, foi realizada uma de pesquisa de campo, a qual propicia uma abrangência maior com a realidade social e cultural. A pesquisa foi realizada na cidade de Ipiaú- Bahia com 18 mulheres negras empreendedoras. A abordagem da pesquisa foi qualitativa que ocupa um reconhecido lugar entre as várias possibilidades de se estudar os fenômenos que envolvem os seres humanos e suas intrincadas relações sociais, estabelecidas em diversos ambientes (GODOY, 1995).

Por se tratar de uma pesquisa aplicada, os dados foram coletados a partir de questionário *online* pela plataforma Google Forms, realizado de maneira remota, operando por aparelhos eletrônicos que permitiram a execução, buscando evidenciar e mapear as empreendedoras negras na cidade de Ipiaú e sua compreensão sobre marketing de influência, empreendedorismo e fatores motivacionais. O questionário foi aplicado entre os períodos dos meses de setembro e outubro de 2021.

Ao buscar analisar o empreendedorismo negro feminino, entende-se que existem muitas nuances que contribuem e favorecem para abertura desses negócios. Nesta perspectiva, identificou-se por meio da amostra de 18 mulheres negras da cidade de Ipiaú- Bahia os seguintes resultados discutidos abaixo, considerando um dos objetivos de levantar o perfil das mulheres negras empreendedoras.

A primeira pergunta foi voltada para saber como as entrevistadas se autodeclaram perante a sociedade, 61% delas se autodeclaram negras e 39% preta conforme gráfico a seguir. Cerca de 72,2% delas são solteiras, demonstrando um quantitativo relevante de mulheres solteiras que estão buscando o empreendedorismo como uma das fontes de renda, fator que fomenta a força e a garra delas neste processo de inserção no mercado de trabalho, visando a independência financeira e pessoal.

Gráfico 1 – Autodeclaração das Entrevistadas

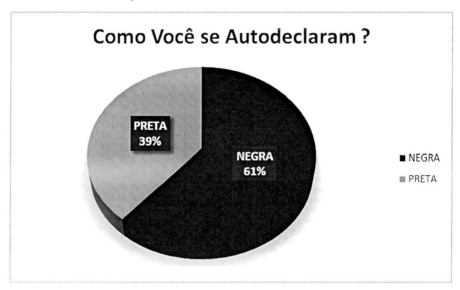

Fonte: dados da pesquisa (2021)

Aproximadamente 78% não possuem filhos, têm sua faixa etária estabelecida entre 22-25 anos, sendo o público majoritariamente jovem almejado nas redes sociais. Quanto à escolaridade das empreendedoras negras da cidade de Ipiaú, cerca de 33,3% possuem ensino médio completo e 38,9%, ensino superior incompleto. Assim, percebe-se que as mulheres negras têm buscado dar seguimento aos estudos para favorecer a ascensão do negócio, pois optaram por cursos voltados para ciências sociais aplicadas, sendo Administração, o principal deles cerca de 28,6% das entrevistas.

Em termos de formalização, 55,6% dos negócios são informais e 27,8% se enquadram como Microempreendedor Individual (MEI). As entrevistadas empreendem há pouco tempo, por volta de 3 anos, ou seja, elas estão nos anos iniciais do negócio. Em estudo realizado pelo Sebrae Nacional (2013), 24,4% as empresas fecham as portas com menos de dois anos de existência. E esse percentual pode chegar a 50% nos estabelecimentos com menos de quatro anos. Logo, os negócios das mulheres negras ipiauenses requer consolidação e estruturação nessa fase vital.

A quantidade de mulheres negras que empreendem por necessidade correspondeu a 55,6%. Conforme GEM (2017)

> [...] os empreendedores por necessidade decidem empreender por não possuírem melhores alternativas de emprego e renda, abrindo um negócio com a finalidade de gerar rendimentos visando basicamente a sua subsistência e de suas famílias.

Quanto à motivação de investimento na atividade empreendedora, 66,7% se baseiam na inspiração de ser dona do seu próprio negócio.

Foi intrigante constatar que 61,1% das entrevistadas não têm familiaridade com o termo "afroempreendedorismo". Com base nesse resultado, pode-se entender que o tema não é conhecido como deveria, evidenciando que a pesquisa se torna relevante por difundir o tema na população em espaço temporal observado na entrevista. Os motivos do desconhecimento podem ser vários, como: falta de divulgação, literatura escassa, silenciamento do termo, sendo necessários debates sociais para que estas obtenham uma nova compreensão sobre o assunto.

Ao serem questionadas sobre qual das duas vertentes do afroempreendorismo o negócio se identifica, 83,3% delas têm seu negócio estabelecido na vertente do afroempreendedorismo no sentido amplo, que não se restringe apenas a grupos de consumidores negros, mas a outros grupos étnicos. Os motivos que levaram a escolher este empreendimento, 50% afirmam aptidão na área, com inovação estabelecida na sua observação da realidade vivenciada e o que está faltando.

No quesito sobre preconceito/discriminação por ser mulher negra empreendedora, todas afirmaram que "não sofrem". Os dados destoam da realidade e alertam para o costume em presenciar ou não identificar situações racistas que são "comuns" perante a sociedade, sutis e de difícil percepção. Ribeiro (2017, p. 48) enfatiza que "numa sociedade como a brasileira, de herança escravocrata, pessoas negras vão experienciar racismo do lugar de quem é objeto dessa opressão, do lugar que restringe oportunidades por conta desse sistema de opressão".

Em relação à fonte de renda, 50% dizem que o negócio é a única renda e outros 50% afirmam que trabalham em outro local. Segundo Santos (2019, p. 63) "Quando essa mulher rompe o círculo vicioso que busca um outro caminho através do empreendedorismo, o que se percebe é um surgimento de uma nova dinâmica".

E em relação a apoio técnico, a totalidade do universo pesquisado respondeu que não recebe nenhum apoio estatal, municipal e/ou federal, mas 22,2% já contrataram consultoria empresarial. Segundo o SEBRAE (2021) os desafios mais comuns se tornam a dificuldade de gerir finanças de um modo eficiente e a carência de apoio no planejamento e na administração de negócios, como a recusa às opções de crédito em banco.

As entrevistadas ressaltaram a importância das redes sociais para impulsionar o negócio, sendo o Instagram a rede mais utilizada por elas, e as estratégias de divulgação mais utilizadas eram criação de conteúdo e postagens. Quando questionadas sobre quais conselhos daria para outras mulheres negras que querem ou desejam se tornar empreendedoras, frases e palavras motivadoras foram destacadas como: "Força"; "Foco"; "Coragem"; "Sonhos"; "Perseverança"; "Persistência".

Em várias falas, as mulheres enfatizam a importância de acreditar em seus sonhos, dando um passo de cada vez, mantendo o foco, buscando filtrar as críticas que são construtivas, daquelas que não agregam em seu negócio. A rede de apoio entres mulheres negras empreendedoras é de suma importância para o desenvolvimento local e regional e ascensão de negócios geridos por mulheres pretas.

CONSIDERAÇÕES FINAIS

O marketing de influência atualmente detém de grande importância no processo de desenvolvimento dos negócios, está presente nas grandes e pequenas empresas. O empreendedorismo das mulheres negras da cidade de Ipiaú-Ba, perpassa pelas mídias sociais para alcance do seu público--alvo, porém essas mulheres que estão buscando essa inserção no mercado empreendedoras, encontram resistência e dificuldade para a ascensão do negócio, tal fator contribuem para que a metade tenha dupla jornada para complementação na renda.

Por meio deste artigo, pode-se realizar uma investigação minuciosa sobre o empreendedorismo negro feminino em Ipiaú-Ba, ressaltando a importância e representatividade das mulheres negras neste processo e movimentação de negócios geridos na perspectiva de afroempreender, bem como da contribuição para o desenvolvimento regional e das cidades.

A partir da pesquisa de campo, pode-se identificar a falta de conhecimento sobre o termo afroempreendedorismo, além de evidenciar as adversidades que perpassam pela falta de políticas públicas e investimentos de apoio aos negócios. Portanto, faz-se necessário realizar novas investigações sobre a temática trabalhada, visando desenvolver um melhor conhecimento e visão sobre marketing digital e as contribuições do uso eficiente para os negócios, bem como os negócios voltados para o afroemprendedorismo no sentido estrito, a fim de evidenciar nas estruturas sociais pré-estabelecidas espaços de visibilidade socioeconômica.

REFERÊNCIAS

ALMEIDA, S. L. de. **Racismo estrutural.** Feminismos Plurais. São Paulo: Pólen, 2019. 264 p.

ALMEIDA, L. C. de. **Protagonismo e autonomia de mulheres negras, a experiência das organizações:** geledés e criola. [*S. l.*]. Disponível em: http://www.fg2010.wwc2017.eventos.dype.com.br/resources/anais/1278264515_ARQUIVO_textofazendogeneroformulario.pdf. Acesso em: 24 jul. 2022.

CARNEIRO, S. Mulheres em movimento. **Estudos avançados**, [*S. l.*], v. 17, n. 49, p. 117-133, 2003. Disponível em: https://www.scielo.br/j/ea/a/Zs869RQT-MGGDj586JD7nr6k/?format=pdf&lang=pt. Acesso em: 20 maio 2022.

CELLARD, A. A análise documental. *In:* POUPART, J. *et al.* **A pesquisa qualitativa:** enfoques epistemológicos e metodológicos. Petrópolis: Vozes, 2008.

CODEMEC. **Pesquisa Básica e Pesquisa Aplicada.** [*S. l.*], 2014. Disponível em: https://codemec.org.br/geral/pesquisa-basica-e-pesquisa-aplicada/. Acesso: 15 jan. 2020.

DAVIS, A. **Mulheres, raça e classe**. 1. ed. São Paulo: Boitempo, 2016.

DORNELAS, J. **Empreendedorismo:** transformando ideias em negócios. 6. ed. São Paulo: Empreende: Atlas, 2016.

DRUCKER, P. F. (1909). **Inovação e espírito empreendedor (entrepreneurship):** prática e princípios/Peter F. Drucker. Tradução de Carlos Malferrari. 2. ed. São Paulo: Pioneira, 1987.

EMPREENDEDORISMO cresce e bate recorde em meio à pandemia. **UOL,** [*S. l.*], 2020. Disponível em: https://economia.uol.com.br/colunas/nina-silva/2020/10/07/empreendedorismo-cresce-e-bate-recorde-em-meio-a-pandemia.htm. Acesso em: 15 jan. 2020.

GODOY, A. S. Pesquisa qualitativa tipos fundamentais. **Revista de Administração de Empresas**, São Paulo, v. 35, n. 3, p. 20-29, maio/jun. 1995.

GONZALEZ, L.; HASENBALG, C. **Lugar do Negro**. Rio de Janeiro: Marco Zero, 1982.

HILL, S. **A Arte de Influenciar Pessoas.** Potencializa sua habilidade de relacionamento e liderança. São Paulo: Apalestra Editora, 2012.

ITAÚ MULHER EMPREENDEDORA. **Empreendedorismo negro**: as barreiras da discriminação racial e os desafios com o coronavírus. [*S. l.*], 2020. Disponível em: https://imulherempreendedora.com.br/atitude-empreendedora/empreendedorismo-negro-as-barreiras-da-discriminacao-racial-e-os-desafios-com-o-coronavirus. Acesso em: 15 jan. 2020.

KOTLER, P.; KARTAJAYA, H.; SETIWAN, I. **Marketing 4.0:** do tradicional ao digital (*e-book*). Rio de Janeiro: Sextante, 2017.

LAKATOS, E. M.; MARCONI, M. A. **Fundamentos metodologia científica.** 4. ed. São Paulo: Atlas, 2003.

NERVO, A. C.; FERREIRA, F. L. A importância da pesquisa como princípio educativo para a formação científica de educandos do ensino superior. **Educação em Foco**, [*S. l.*], n. 7, 2015.

NOGUEIRA, J. C. **Desenvolvimento e Empreendedorismo Afro-Brasileiro**: Desafios Históricos e Desafios para o Século XXI. São Carlos: SEBRAE, 2013.

OLIVEIRA, M. F. de. **Metodologia científica:** um manual para a realização de pesquisas em Administração. Catalão: UFG, 2011. 72 p.: il.

POLITI, C. **Marketing de Influência:** O que é e por que as marcas apostam nessa tendência? 2017. Disponível em: https://www.comunique-se.com.br/blog/o-que-e- marketing-de-influencia. Acesso em: 15 maio 2022.

RIBEIRO, D. **O que é lugar de fala.** Belo Horizonte: Letramento, 2017. 112 p.

SANTOS, M. A. dos. **O Lado Negro do Empreendedorismo:** afroempreendedorismo e black Money. Belo Horizonte: Letramento, 2019.

SERVIÇO BRASILEIRO DE APOIO ÀS MICRO E PEQUENAS EMPRESAS. **Entenda o motivo do sucesso e do fracasso das empresas.** São Paulo: SEBRAE, 2017a. Disponível em: https://www.sebrae.com.br/sites/PortalSebrae/ufs/sp/bis/

entenda-o-motivo-do-sucesso-e-do-fracasso-das-empresas,b1d31ebfe6f5f510Vg-nVCM1000004c00210aRCRD. Acesso em: 26 jul. 2022.

SERVIÇO BRASILEIRO DE APOIO ÀS MICRO E PEQUENAS EMPRESAS. **Oportunidade ou necessidade?** Rio Grande do Sul: SEBRAE, 2017b. Disponível em: https://sebraers.com.br/momento-da-empresa/oportunidade-ou-necessidade. Acesso em: 26 jul. 2022.

SERVIÇO BRASILEIRO DE APOIO ÀS MICRO E PEQUENAS Empresas. **Empreendedorismo Feminino no Brasil.** [*S. l.*], SEBRAE, 2019. Disponível em: https://www.sebrae.com.br/Sebrae/Portal%20Sebrae/UFs/GO/Sebrae%20de%20 A%20a%20Z/Empreendedorismo%20Feminino%20no%20Brasil%202019_v5.pdf. Acesso em: 26 jul. 2022.

SERVIÇO BRASILEIRO DE APOIO ÀS MICRO E PEQUENAS EMPRESAS. **Apresentação executiva discussão:** "Empreendedorismo por raça-cor/gênero no Brasil (2021)". [*S. l.*], SEBRAE, 2021. Disponível em: https://www.sebrae.com. br/Sebrae/Portal%20Sebrae/Empreendedorismo%20Feminino/Empreendedo-rismo_por_ra%C3%A7a-cor_e_g%C3%AAnero_no_Brasil__2021_.pdf. Acesso em: 22 jul. 2022.

SOARES, B. **Atuação do Sebrae Junto** às **empresas e empreendedores no enfretamento da crise da covid-19.** 2020. Monografia (Trabalho de Conclusão de Curso em Administração) – Universidade Federal de Rondonópolis, Rondonópolis, 2020.

SOMOLON, M. R. **O comportamento do consumidor:** comprando, possuindo e sendo. 9. ed. Porto Alegre: Bookman, 2011.

IMPACTOS DA PANDEMIA COVID-19: USO DE APLICATIVOS DE DELIVERY E INCLUSÃO DIGITAL NAS EMPRESAS DA CIDADE DE IRECÊ - BAHIA

Cristiano Silva Santos[1]
Camilla dos Santos Carvalho[2]
Lara Amorim Helfenstein[3]

INTRODUÇÃO

A crise sanitária decorrente da circulação do vírus SARS-CoV-2, causador da doença Covid-19, provocou mudanças significativas nos protocolos de saúde, na vida das pessoas e empresas, afetando diretamente o modo de fazer negócios e o comportamento do consumidor. A velocidade de propagação do vírus surpreendeu o mundo e levou a decretação de pandemia pela Organização Mundial de Saúde (OMS).

Após confirmação de casos da doença no Brasil nos primeiros meses de 2020, as autoridades governamentais decretaram medidas de contenção do vírus como isolamento social e fechamento total dos estabelecimentos (*lockdown*), cenário totalmente novo para as organizações que precisaram fechar seus estabelecimentos e encontrar maneiras para manutenção das vendas. Nesse contexto, surgem oportunidades para aqueles que utilizam os meios digitais na comunicação e vendas, em especial como alternativa para realização de negócios *online* com entrega do produto ou serviço no local indicado pelo consumidor.

Essas mudanças causaram impactos no ambiente empresarial, principalmente em empresas que não dispunham de conhecimento técnico para utilizar a internet como aliada nos negócios: a rapidez no acesso à informação e oferta variada de bens e serviços tornou-se indicativo de

---

[1] Universidade do Estado da Bahia. E-mail: cristianoirece@gmail.com

[2] Universidade do Estado da Bahia. E-mail: ca_carvalho15@hotmail.com

[3] Universidade do Estado da Bahia. E-mail: la.helfestein@gmail.com

oportunidade para alcançar o consumidor e auferir lucros com a facilidade que a venda *online* propicia.

Ademais, na pandemia o consumo foi fortalecido devido à necessidade do isolamento social. A redução das idas aos estabelecimentos fez com que as empresas entendessem a importância de ir ao encontro do cliente. Lojas, farmácias, restaurantes, bares e mercados estão ofertando o serviço delivery, tendo em vista que, por determinado período, os estabelecimentos durante vários meses só tinham permissão para funcionar por meio do delivery, com horários reduzidos, e redução na quantidade de clientes no ambiente (SOUZA; LIRA; CORDEIRO, 2021, p. 8).

A impossibilidade de atendimento presencial para aquisição de bens e serviços colocou em prova a estrutura desse modelo de negócios e fez com que o consumidor buscasse alternativas para suprir suas necessidades, como também as empresas em manter a operacionalização de diversos negócios. Diante disto, o uso das modalidades de *delivery* e *drive thru*[4] no varejo passaram a fazer parte do processo de vendas, possibilitando garantir o "novo" modo de fazer negócios.

Desde o mês de março de 2020 diversos decretos municipais foram publicados, os empreendedores tiveram que se adaptar de maneira rápida, tendo como adendo que Irecê é o maior município do território que ocupa, ou seja, centro comercial de diversas outras cidades do entorno. A adequação ao momento de crise se tornou fundamental para a manutenção de suas atividades.

De grandes cidades a cidades pequenas decretos com impossibilidade de funcionamento dos estabelecimentos estavam vigentes, logo os impactos também foram sentidos e influenciaram na adequação de vários setores para continuar atuando no mercado, bem como mudança na forma de comprar e entregar bens e serviços, no interior da Bahia, especificamente na cidade de Irecê, lócus desse estudo não foi diferente.

Dessa forma, esse artigo tem como objetivo geral evidenciar o processo de migração e adequação de negócios as plataformas digitais, com enfoque apresentar a adesão de empresas de *delivery* da cidade de Irecê no estado da Bahia entre março e maio de 2020. No aspecto quantitativo, essa análise verifica o possível acréscimo de empresas cadastradas em aplicativos de *delivery*, enquanto a mudança de comportamento de consumidor e o

---

4 Modalidade de serviço no qual o cliente é atendido diretamente em seu automóvel.

impacto econômico que a pandemia causou são analisadas qualitativamente e quantitativamente.

O artigo apresenta a contextualização do cenário global e nacional desde o início da pandemia apontando efeitos causados na economia e nas empresas, a apresentação das medidas preventivas adotadas pelo governo estadual baiano e no âmbito municipal em Irecê. Em seguida a metodologia, análise e apresentação dos resultados obtidos a partir da pesquisa de campo realizada.

EFEITOS DA COVID-19 NO MUNDO E NO BRASIL

Em dezembro de 2019 a China reconheceu a doença Covid-19, causada pelo coronavírus SARS-CoV-2, resultando no cenário de pandemia mundial afetando o planeta. Em 16 de outubro de 2020 os casos mundiais dessa doença se aproximaram dos 39 milhões e o número de mortos ultrapassava a marca de 1 milhão[5]. Conforme a doença era disseminada diversos países adotaram o isolamento como arma para conter o alastramento, tal ação acarretou impactos socioeconômicos.

> Na medida em que a incerteza sobre o cenário econômico se espalhava, investimentos e o consumo de bens e serviços foram postergados ou cancelados, tanto internamente, quanto externamente, uma vez que a redução da atividade econômica em outros países impactou negativamente no volume e no preço das exportações brasileiras. A redução do comércio provocou um desencadeamento na economia, pela redução da produção e jornada de trabalho, demissão de trabalhadores, aumento de falências e retração da oferta de crédito pelo setor bancário, devido à ampliação do risco do investimento (MINISTÉRIO DA ECONOMIA, 2020, s/p).

Vale salientar que o país já convivia com crises, no contexto político e no contexto econômico, que agregada com a crise sanitária da Covid-19 acentuou problemas graves, a exemplo do desemprego e da desigualdade social. O crescimento do Produto Interno Bruto (PIB) também é uma variável bastante importante e teve quedas, sendo um dos problemas na economia brasileira.

---

[5] Dados obtidos em https://www.paho.org/pt/covid19 - Folha informativa COVID-19 - Escritório da OPAS e da OMS no Brasil, boletim de 16 de outubro de 2020.

> O Instituto Brasileiro de Geografia e Estatística (IBGE) registrou redução de 1,5% no crescimento econômico nos primeiros três meses deste ano comparado ao mesmo período de 2019, já com o ajuste sazonal. A queda do Produto Interno Bruto (PIB) reflete o impacto da pandemia pelo novo coronavírus (Covid-19) na atividade econômica brasileira. (MINISTÉRIO DA ECONOMIA, 2020, s/p)[6].

Assim, podemos observar que devido à pandemia esses fatores se agravaram e trouxeram outras consequências como a diminuição do consumo de bens e serviços, fazendo com que as empresas do país utilizem toda a sua capacidade produtiva com menos recursos possíveis para impulsionar suas vendas e dessa forma, se manterem no mercado.

> Com base nas características da crise e observando o que tem acontecido em países que tiveram um crescimento de casos anterior ao Brasil, é possível considerar que alguns segmentos devem ser especialmente afetados. Nesses segmentos, há mais de 13 milhões de pequenos negócios que empregam 21,5 milhões de pessoas. Na média, um pequeno negócio tem caixa para aguentar apenas 23 dias fechado. (SEBRAE, 2020, s/p).

Ainda segundo o Serviço Brasileiro de Apoio às Micro e Pequenas Empresas (SEBRAE, 2020) as micro e pequenas empresas representam 99,1% dos empreendimentos no país. Necessitando uma atenção especial as estas empresas buscando amenizar os impactos da pandemia e assegurar a manutenção do emprego apesar de existir um *trade-off*[7] entre saúde e economia, no qual nos próximos capítulos serão analisadas algumas medidas que impactam nestes dois setores.

De acordo com o estudo "O impacto da pandemia de coronavírus nos pequenos negócios" realizado pela parceria SEBRAE/ FGV (2021) ocorreu impacto considerável nos pequenos negócios a maioria teve redução de 1/3 de seu faturamento em 2020 e quedas nas vendas no fim de ano em comparação com o ano anterior. Na mesma pesquisa também se concluiu o aumento de empresas que demitiram funcionários e estavam dificuldades de manter o negócio e que apenas 16% delas estavam operando da mesma forma que antes da pandemia.

---

[6] Dados obtidos em https://www.gov.br/economia/pt-br/assuntos/noticias/2020/maio/brasil-registra-queda-de-1-5-no-pib-do-primeiro-trimestre-devido-a-pandemia - Brasil registra queda de 1,5% no PIB do primeiro trimestre devido à pandemia - Ministério da Economia, boletim de 29 de maio de 2020.

[7] Escolha conflitante, no caso as medidas são apoiadas em salvar vidas mesmo sabendo que implicam negativamente no setor econômico.

MEDIDAS CONTRA A COVID-19 NA BAHIA E NA CIDADE DE IRECÊ

Existem várias medidas preventivas para diminuir a propagação da Covid-19 como máscaras, luvas e higienização das mãos e o isolamento social, a propagação do vírus ainda acontece, por isso faz-se necessário em muitas ocasiões o isolamento social, que possui vários formatos nos quais cada um deles tem suas peculiaridades e seus objetivos. Pode ser dividido em três formas: quarentena, isolamento vertical e bloqueio total.

> Medidas como a quarentena, com fechamento de comércio e proibição de outras atividades, busca evitar que as pessoas se encontrem ou se aglomerem, ajudando no controle da pandemia. Dessa forma, é possível frear a curva de crescimento de casos, evitando que um grande número de pessoas fique infectada ao mesmo tempo e sobrecarregue os sistemas de saúde. Apesar de contar com apoio praticamente unânime entre autoridades de saúde e especialistas, o isolamento social é criticado por quem acredita que ele prejudica a economia e a renda da população. (NEXO JORNAL, 2020, s/p).

O modelo de quarentena, mais conhecido e amplamente adotado nas cidades brasileiras atingidas, busca evitar a circulação de pessoas a partir do fechamento de setores não essenciais. O isolamento vertical por sua vez busca apenas evitar a circulação de pessoas mais vulneráveis. E o bloqueio total, onde além de liberar o funcionamento apenas serviços essenciais busca-se controlar também a circulação de indivíduos, este modelo foi adotado em São Luís, capital do estado do Maranhão, em 5 de maio de 2020[8]. Os modelos de isolamento são adequados de acordo com as necessidades e as peculiaridades encontradas em cada país, estado ou cidade.

Os decretos estaduais na Bahia, no período analisado, tiveram um foco de normatizar funcionamento de estabelecimentos públicos, suspensão de férias e licenças de servidores da área da saúde e segurança pública, além de cancelamento de eventos, atividades e proibição de circulação de transporte intermunicipal para cidades com casos positivos da doença. Por outro lado, os decretos da cidade de Irecê, local da pesquisa, possuem uma ênfase diferente da estadual tendo foco no funcionamento das empresas presentes no município.

---

[8] Dados obtidos em https://www.folhape.com.br/noticias/sao-luis-enfrenta-primeiro-dia-de-bloqueio-total--das-atividades/139425/- São Luís enfrenta primeiro dia de bloqueio total das atividades. Acesso em: 31 maio 2020.

A cidade Irecê está localizada no centro-norte baiano e distante 480km da capital, seu território de identidade sediado pela própria cidade conta com mais 26 municípios, tendo ênfase econômica no comércio e serviços, nos quais atende a população local e das cidades circunvizinhas.

> Art. 12. Com o objetivo de garantir monitoramento de ações de prevenção, fica instituído o Comitê de Operações de Emergência em Saúde Pública - COE que será formado pela Secretária Municipal de Saúde, pelo Secretário de Governo, pela Assessora de Comunicação, pelo Procurador-Geral do Município, pelo Diretor da Vigilância Sanitária Municipal, pelo Secretário Municipal de Assistência Social, pelo Secretário Municipal de Educação, pelo Diretor Médico da UPA e por mais dois representantes, a ser indicado pelo Hospital Regional de Irecê Dr. Mário Dourado Sobrinho. (IRECÊ, 2020, p. 6).

O prefeito de Irecê e o Comitê de Operações e Emergências em Saúde Pública – COE reuniram-se no dia 19 de março de 2020 com representantes do ministério público, polícia civil e militar, CDL e mais quatro entidades com o intuito de deliberar novas medidas de controle, no qual resultou no decreto n.º 106, entrando em vigor no dia seguinte. Este decreto optou for fechar bares, academias e espaços de fisioterapia, que dois dias depois teve ampliação para todo o setor não essencial, conforme Quadro 1.

Quadro 1 – Decretos municipais da cidade de Irecê-Bahia

Decreto/ Setor Atingido	Dias	Setor Essencial	Setor Não Essencial	Restau- rante e Lanchonete	Bares	Aca- demia	Escolas e Faculdade	Eventos e Clubes
N.º 103 16/03/2020	4	✓	✓	✓	✓	✓	✓	✗
N.º 106 20/03/2020	2	✓	✓	✓	✗	✗	✗	✗
N.º 108 21/03/2020 (22)	6	✓	✗	✗	✗	✗	✗	✗
N.º 116 26/03/2020 (28)	10	✓	✗	✓	✗	✗	✗	✗

N.º 134 07/04/2020	7	✓	✓	✓	✗	✗	✗	✗
N.º 144 13/04/2020 **(14)**	2	✓	✓	✓	✗	✓	✗	✗
N.º 145 15/04/2020 **(16)**	6	✓	✗	✗	✗	✗	✗	✗
N.º 151 21/04/2020 **(22)**	19	✓	✓	✓	✓	✓	✗	✗
N.º 168 08/05/2020	1	✓	✓	✗	✗	✓	✗	✗

Fonte: elaborado pelo autor (2020)

O Quadro 1 foi desenvolvido com base nos decretos municipais da cidade de Irecê, analisando a partir do primeiro preventivo, decreto de 16 de março de 2020, até o período de 8 de maio do mesmo ano. O período foi escolhido por ser o que mais teve impactos em estabelecimentos não essenciais, restaurantes e lanchonetes, bares e academias. O qual é possível visualizar os dias de vigor de cada decreto e a data que sua validade inicia, quando inicia em data diferente do decreto encontra-se em negrito.

No decreto 108, publicado em 21 de março de 2020 que entrou em vigor no dia 22 de março de 2020, definiu como setor essencial: os atacadistas, os mercados, supermercados, hipermercados, casa de carnes, açougues, padarias, as feiras livres de produtos alimentícios, os postos de combustíveis, as farmácias, instituições bancárias, correspondentes bancários, casas lotéricas e clínicas veterinárias, segurança privada, serviços funerários.

Apesar de posteriormente outros decretos incluíssem outros segmentos como essenciais para que a manutenção dos outros setores previamente listados continuasse e alguns segmentos de serviços terem sido afetados por decretos específicos o andamento deste estudo não ficará comprometido, visto que a presente pesquisa está delimitada a aplicativos de *delivery* e inovações tecnológicas informações que são base para análise do impacto destes decretos em restaurantes e lanchonetes, listados na coluna 5 do Quadro 1.

Os estabelecimentos do setor de alimentação foram impedidos de atender clientes presencialmente em seus espaços físicos por seis dias, conforme o decreto n.º 108, porém não estavam impedidos de realizar suas operações para entrega dos bens no próprio estabelecimento na modalidade drive-thru ou *delivery*. Uma vantagem em relação aos bares, por exemplo, que ficaram impedidos de funcionar na maioria dos decretos listados no Quadro 1 diz respeito a bebidas que podem ser vendidas e entregues por supermercados, mercadinhos, adegas e distribuidoras.

Uma outra vantagem diz respeito a comercialização de alimentos semiprontos ou prontos para consumo, diante de estabelecimentos que não inovaram para continuar funcionando, seja por falta de conhecimento ou por não achar viável mudança na estrutura; além disso, estabelecimentos que necessitam da presença do consumidor, a exemplo da prestação de serviços tais como academias, dentistas, cabelereiros.

O COMÉRCIO ELETRÔNICO E USO DE APLICATIVOS NAS EMPRESAS DURANTE A PANDEMIA

Com o fechamento das lojas físicas por conta da adesão ao isolamento social e até mesmo o lockdown em algumas localidades brasileiras, as empresas passaram a encontrar na internet e no comércio eletrônico (*e-commerce*) uma alternativa de promover suas vendas mesmo diante do cenário pandêmico atual.

Loprete e Loprete (2001 *apud* REEDY; SCHULLO; ZIMMERMAN, 2001, p. 4) definem e-commerce como o comércio eletrônico é a realização de comunicações e transações de negócios por meio de rede e computadores, mais especificamente a compra e a venda de produtos e serviços, e a transferência de fundos a partir de comunicações digitais.

Frente à crise gerada pela Covid-19, o *e-commerce* passou a ser vista como alternativa promissora para empresas que buscam evitar interromper seu funcionamento e em alguns casos alavancar suas vendas e divulgar sua marca. As empresas que já haviam estruturado venda digitais ou se aproximado do cliente por meio de redes sociais têm vantagem comparada com os empreendimentos que ainda precisariam implementar essa forma de fazer negócios ou até mesmo criar/atuar em suas redes sociais.

> Se a internet já era importante para os negócios, hoje ela virou a única alternativa para muitos deles. O fechamento de lojas e as medidas de isolamento social como alternativa para conter a propagação do coronavírus acertaram em cheio as empresas que atendiam apenas em pontos físicos. (STANGHERLIN; JOÃO; OLIVEIRA, 2020, p. 2).

Porém, disponibilizar o produto na internet não é o suficiente, ele precisa chegar ao cliente e isso não se trata do *delivery* em si, mas de fazer com que o cliente em potencial saiba de sua existência e quais produtos você oferece. Antes bastava adicionar a localização do estabelecimento em algum mapa digital e esperar que o cliente chegasse até ela, porém não somente a Covid-19, mas também mudanças de comportamento dos consumidores, reduz o tempo para se pesquisar e buscar um bem ou serviço no conforto do lar, aumentando o esforço das empresas para alcançá-lo.

Ao analisar os dados presentes na 31º Pesquisa Anual de Administração e Uso de Tecnologia da Informação nas Empresas, realizada pela Fundação Getúlio Vargas de São Paulo (MEIRELLES, 2020) percebe-se que no Brasil existem dois dispositivos digitais em uso por habitante, os quais são definidos por computador, notebook e smartphone. Entretanto, a grande maioria destes dispositivos são os smartphones que compõe 234 milhões, mais que a população do país.

Segundo a pesquisa VR Benefícios- Locomotiva (2020) 81% dos estabelecimentos comerciais no Brasil passaram a realizar *delivery* durante a quarentena com tendência a manter o serviço. A pesquisa também mostra que 47% dos restaurantes, padarias, lanchonetes e mercados optaram por novos canais de vendas, dentre elas 71% utilizaram o telefone, 63% o WhatsApp, 51% o *e-commerce* próprio, 42% as vendas *online* e 39% aplicativos de *delivery*.

Algo que fortalece uma variação específica do *e-commerce*, denominada de m-commerce, o "m" é de mobile, ou seja, ligado a dispositivos móveis. Esta faceta de compras virtuais teve um aumento de um pouco mais de 200% em 4 anos, em 2015 apenas 41% já tinham utilizado o celular para comprar *online* e este número em 2019 aumentou para 85% segundo a pesquisa Panorama Mobile Time/Opinion Box sobre Comércio Móvel no Brasil realizada em 2019, destaque para 77% dos entrevistados utilizaram o celular no processo de compras mais vezes que seis meses antes.

As necessidades de estar na palma da mão do cliente foram reforçadas com a chegada da Covid-19, de acordo com a pesquisa da Fundação Getúlio Vargas (FGV) relata-se:

> [...] o smartphone domina usos, como bancos e mídias sociais. Uma ruptura já visível na migração para o uso de dispositivos digitais, sendo antecipada pelo isolamento e pandemia, ensino e trabalho a distância vão deixar marcas permanentes.

Uma população previamente conectada através de dispositivos móveis necessita que as empresas não só estejam na internet, mas que estejam ao alcance de suas mãos. Aplicativos e redes sociais são espaços que não podem ser ignorados principalmente quando uma pandemia exige isso para que a operacionalização continue. Podemos tomar como exemplo o *Instagram* que implantou a função de *delivery* diretamente de stories.

O Governo do Estado da Bahia também implantou aplicativos sendo que um deles tem como objetivo monitorar o avanço do coronavírus, esclarecer a população de sintomas dentre outros. O segundo aplicativo denominado Preço da Hora, tem o objetivo de comparar preços do produto desejado em diferentes empresas na localização definida pelo usuário, os preços são atualizados por meio dos cupons e notas fiscais emitidos pelos estabelecimentos.

Embora o Preço da Hora seja uma ferramenta para aumentar a competitividade das empresas e consequentemente aumentar a arrecadação estadual, ele não tem impacto direto nas compras digitais. Algo que acontece com a nova funcionalidade do *Instagram*, entretanto este não tem um impacto direto em Irecê visto que os dois aplicativos de *delivery* disponíveis na ferramenta não estão presentes no município.

MATERIAIS E MÉTODOS

A pesquisa desenvolvida no presente artigo é do tipo exploratória tendo em seu processo de desenvolvimento pesquisa bibliográfica e documental sobre as temáticas abordadas e análise quantitativa e qualitativa dos dados coletados.

Dados quantitativos são todos aqueles que possam ser contabilizados, ou seja, que possam ser analisados por meio de números. Os dados qualitativos, por sua vez, necessitam de uma atenção diferente em que as informações são analisadas por uma análise mais profunda para chegar a certo resultado.

A população representada no presente artigo é fundamentada por aplicativos de *delivery* que atuam na cidade de Irecê. De acordo com análise no aplicativo play store concluiu-se que 4 aplicativos estão ativos na cidade, dentre eles um é exclusivo de um estabelecimento que atua em um único segmento de mercado, deste modo, evita-se distorção de resultados da pesquisa ao excluí-lo da amostra.

ADMINISTRAÇÃO EM PERSPECTIVA: TEORIAS E TRANSFORMAÇÕES

Para que nossa amostra composta dos três aplicativos restantes fosse analisada optou-se por criar um questionário na plataforma Google Forms que foi posteriormente encaminhada para representantes dos aplicativos que atuam na cidade por meio de contato feito pelo WhatsApp. Dos três representantes dois retornaram o contato e responderam ao questionário, ambos no dia 9 de maio de 2020, quase dois meses após as primeiras medidas restritivas municipais.

Os dados que foram obtidos a partir do questionário foram tabulados no Excel e analisados a partir de seu aspecto de qualidade ou quantidade. Como exemplo de qualidade temos o segmento mais presente em ambos os aplicativos e como quantidade temos o quantitativo de empresas cadastradas nos aplicativos. Optou-se por não identificar as empresas analisadas escolhendo, assim, cores diferentes de sua logomarca para diferenciá-las durante a discussão.

RESULTADOS E DISCUSSÃO

Ao analisar o questionário aplicados aos três aplicativos presentes na cidade utilizaremos cores para identificar cada um, que não coincidem com informações em suas logomarcas: rosa, verde e azul. O rosa foi o primeiro aplicativo implementado na cidade, a sede encontra-se em Petrolina-PE, opera na cidade a pouco mais de um ano e conta com mais de 50 empresas cadastradas. O aplicativo Verde, com sede em Lagarto-SE, foi implementado a cerca de um ano na cidade e no mês de maio já contava com 150 estabelecimentos cadastrados. O aplicativo azul é conhecido nacionalmente, funciona na cidade a pouco mais de 6 meses na cidade, porém não retornou contato para responder o questionário. Conforme Gráfico 1, pode visualizar um pouco do impacto da pandemia nestes aplicativos.

Gráfico 1 – Análise dos dados

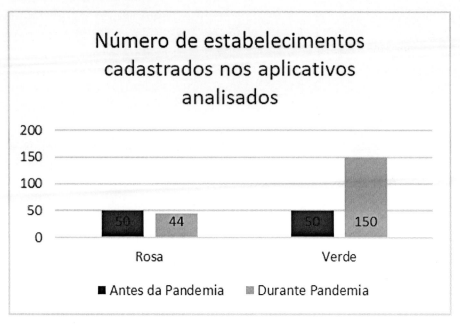

Fonte: elaborado pelo autor (2020)

Conforme a Gráfico 1, podemos ver mudanças significativas no aplicativo verde que antes das primeiras medidas contava com 50 empresas parceiras e com o advento da pandemia teve um aumento de 200%, que não se delimitam apenas no ramo de alimentação, mas também de cosméticos, perfumes e bijuterias. O aplicativo rosa teve decréscimos, caracterizado por seis empresas inativarem seus cadastros.

Ao avaliar o aumento de vendas o aplicativo rosa informou que ficou na escala de 0 até 10% de aumento, o que não comprova que o aplicativo teve aumento de vendas significativo no período analisado. Já o aplicativo verde ficou na casa dos 20 a 30%, com a contribuição de três fatores: novos clientes, um aumento de empresas e proibição de atendimento presencial. Pizzarias são os estabelecimentos que lideram os números em ambos os aplicativos, estes estabelecimentos já eram consolidados no ramo de *delivery* antes mesmo da inserção de aplicativos na cidade.

Ambos os aplicativos utilizam o *Instagram* como ferramenta para divulgar a marca para conseguir novos clientes e empresas filiadas, porém apenas o aplicativo rosa investiu em divulgação. Ao analisar os resultados da empresa Rosa e Verde no Gráfico 1 e a estratégia de divulgação é possível concluir que a estratégia da rosa não foi eficaz e como informada pelo representante a empresa buscará novas estratégias para adquirir novos clientes e empresas parceiras. Porém, o Verde certamente está utilizando outras estratégias de marketing mais efetivas, como, por exemplo, a cor usada é marcante e pouco utilizada por outras empresas, estratégia presente também em um banco digital conhecido nacionalmente, além de utilizar notificações bem-humoradas em horários oportunos para incentivar os pedidos.

Outra estratégia marcante do aplicativo Verde é que ele foi o primeiro a informar a opção de "entrega sem contato", o botão desta modalidade precede o de entrega grátis. A entrega sem contato segundo o aplicativo é uma modalidade com pagamento prévio onde o entregador informa a chegada buzinando e deixa o produto em um local limpo a escolha do cliente ou em cima da mochila, neste caso o entregador se afasta para que o cliente recolha. Tanto a mochila quanto as mãos do entregador são higienizadas na entrada e na saída do estabelecimento.

O aplicativo rosa, entretanto, não utiliza a proposta de segurança utilizada pelo aplicativo concorrente de forma visível, destacando apenas novas empresas e frete grátis em sua tela inicial. As estratégias de marketing utilizada pelo aplicativo rosa demonstraram ser ineficazes frente a seu concorrente o que resultou sua desativação na cidade entre julho e agosto.

CONSIDERAÇÕES FINAIS

Diante das informações apresentadas neste trabalho, percebemos que o cenário de instabilidade econômica causado pelas implicações da Covid-19 está marcado pelo processo de adaptação das empresas, principalmente de segmentos considerados não essenciais, a novas estratégias para conseguir manter as atividades lucrativas. Tendo como consequência mudanças de comportamento e aproximação com redes sociais e aplicativos.

Com base nos dados coletados pela pesquisa, é possível afirmar que quantitativamente a crise do coronavírus ampliou a utilização dos aplicativos de *delivery* na cidade de Irecê. Intensificando tanto o cadastramento de mais empresas de diversos segmentos como as vendas por meio destes aplicativos. Apesar de o questionário não poder contar com as três empresas de aplicativos de *delivery* atuantes na cidade, os resultados foram promissores para o objetivo desta pesquisa, para que desta forma, fosse possível visualizar uma maior velocidade no processo de digitalização que algumas empresas estão passando, ou seja, a adaptação ao período e se atualizando mesmo que seja uma necessidade surgida devido a pandemia.

Em suma, o *e-commerce* e os aplicativos contribuíram bastante para a continuidade dos serviços empresariais trazendo, além disso, ganhos futuros para as empresas de diversos setores, pois permitiu a introdução e utilização de muitos empreendimentos ao marketing digital, uma tendência que possivelmente irá crescer ainda mais e permanecer em um período de pós-pandemia.

Esta pesquisa enseja em desdobramentos que aprofunde na discussão em torno do funcionamento dos aplicativos de delivery como a quantificação e identificação do setor das empresas cadastradas em aplicativos de delivery na cidade.

REFERÊNCIAS

AGÊNCIA BRASIL. **Pequenas empresas garantem saldo positivo de empregos, mostra Sebrae**. [*S. l.*], 2019. Disponível em:https://agenciabrasil.ebc.com.br/educacao/noticia/2019-07/pequenas-empresas-garantem-saldo-positivo-de--empregos-mostra-sebrae. Acesso em: 25 abr. 2020.

ARMELIN, D. A. O CONSUMO NOS APLICATIVOS DE" DELIVERY" E A PREOCUPAÇÃO COM A HIGIENE DURANTE O COVID-19. **South American Development Society Journal**, [*S. l.*], v. 7, n. 21, p. 207, 2021.

DEUSCHE WELLE. **Brasil caminha para maior crise econômica de sua história**. Brasil, 2020. Disponível em: https://www.dw.com/pt-br/brasil-caminha-para-maior-crise-econ%C3%B4mica-de-sua-hist%C3%B3ria/a-53488177. Acesso em: 18 jul. 2020.

FGV AESP. **Pesquisa anual do uso de TI**. Brasil, 2020. Disponível em: https://eaesp.fgv.br/ensinoeconhecimento/centros/cia/pesquisa. Acesso em: 15 jul. 2020.

INSTITUTO LOCOMOTIVA. **ISTOÉ:** 8 em cada 10 estabelecimentos comerciais manterão delivery após pandemia, diz estudo. Brasil, 2021. Disponível em: https://ilocomotiva.com.br/clipping/istoe-8-em-cada-10-estabelecimentos-comerciais--manterao-delivery-apos-pandemia-diz-estudo/#:~:text=A%20pesquisa%20VR%20Benef%C3%ADcios%2DLocomotiva,ades%C3%A3o%20por%20parte%20dos%20comerciantes. Acesso em: 29 mar. 2022.

LOPRETE, F. *et al.* Marketing Digital. **UniSalesiano**, [*S. l.*], 2009. Disponível em: http://www.unisalesiano.edu.br/encontro2009/trabalho/aceitos/CC31868805808. pdf. Acesso em: 12 jul. 2020.

MINISTÉRIO DA SAÚDE. **Coronavírus:** mais de 142 mil pessoas estão curadas no Brasil. Brasil, 2020. Disponível em: https://www.saude.gov.br/noticias/agencia-saude/46931-coronavirus-mais-de-142-mil-pessoas-estao-curadas-no-brasil. Acesso em: 17 jul. 2020.

MOBILE TIME. **85% dos internautas brasileiros já compraram produtos pelo smartphone**. Brasil, 2020. Disponível em: https://www.mobiletime.com. br/noticias/01/10/2019/85-dos-internautas-brasileiros-ja-compraram-produtos-pelo-smartphone/. Acesso em: 15 jun. 2020.

NEXO JORNAL. **Os estudos que mostram o impacto positivo do isolamento social.** Brasil, 2020. Disponível em: https://www.nexojornal.com.br/expresso/2020/04/21/Os-estudos-que-mostram-o-impacto-positivo-do-isolamento-social. Acesso em: 31 maio 2020.

SEBRAE. **Impactos e tendências da COVID-19 nos pequenos negócios**. Brasil, 2020. Disponível em: https://bibliotecas.sebrae.com.br/chronus/ARQUIVOS_CHRONUS/bds/bds.nsf/5f8338edb8cda72405222697f782c9a4/$File/19437.pdf. Acesso em: 25 abr. 2020.

SEBRAE/FGV. **O Impacto da pandemia de coronavírus nos Pequenos Negócios – 10ª edição**. Brasil, 2021. Disponível em: https://fgvprojetos.fgv.br/sites/fgvprojetos.fgv.br/files/impacto-coronavirus-nas-mpe-10aedicao_diretoria-v4. pdf. Acesso em: 1 abr. 2022.

SECOM. **Entenda as medidas de combate ao coronavírus na Bahia.** Brasil, 2020. Disponível em: http://www.secom.ba.gov.br/2020/03/152898/Entenda-as--medidas-de-combate-ao-coronavirus-na-Bahia.html. Acesso em: 31 maio 2020.

A UTILIZAÇÃO DA FERRAMENTA *NET PROMOTER SCORE* PARA MENSURAR O NIVEL DE SATISFAÇÃO DOS CLIENTES: O CASO DE UM PROVEDOR DE INTERNET EM GUANAMBI-BA.

Ivan Gonçalves Brito[1]
Joao Wilker Aparecido Guimaraes da Silva[2]
Jussimara de Cássia Leite de Souza[3]

INTRODUÇÃO

Em uma realidade de mercado na qual a concorrência está cada vez mais acirrada, o envolvimento do marketing de relacionamento para compreender os desejos, pode definir o nível de satisfação dos clientes. Para empresas no setor de serviços de Internet e telecomunicações, os desafios são grandes, principalmente, em se tratando de avanços tecnológicos existe a demanda em oferecer aos consumidores serviços e atendimento de qualidade, com preço justo e necessidade do lucro, sempre almejando atender as expectativas do cliente.

Diante da grande competitividade do mercado, no qual os clientes estão mais exigentes por maior qualidade e/ou benefícios, as empresas se veem obrigadas a manter um foco maior nos clientes e buscar estratégias que alcancem a fidelidade. Diante disso, empresas de grande porte, médias e pequenas empresas se debruçam na busca de métricas que possam trazer uma compreensão dos níveis de satisfação de seus clientes. Porém, a maioria das pesquisas na área são complexas, possuem difícil análise e muitas vezes inviabilizam a realização por parte de diversas organizações.

A partir desse problema surgiu a *net promoter score (NPS),* trazendo uma tradução simples para o português podemos definir como: pontuação líquida de promotores. O NPS é uma ferramenta de pesquisa que oferece

---

[1] Administrador. E-mail: ivangonalves392@gmail.com

[2] Docente do curso de Administração da Universidade do Estado da Bahia - UNEB Campus XII. E-mail: wilker.joao@hotmail.com

[3] Docente do curso de Administração da Universidade do Estado da Bahia - UNEB Campus XII. E-mail: jclsousa@uneb.br

uma métrica de fácil compreensão dos resultados. Através dessa ferramenta de pesquisa, que utiliza uma escala de 0 a 10, para medir o nível de recomendação da empresa, por parte dos clientes, permite-se que as organizações possam mensurar os sentimentos e as atitudes de seus clientes e fazer uma categorização, bem como trabalhar os feedbacks recebidos de forma sistêmica, gerar melhorias e alcançar bons resultados (REICHHELD, 2011).

Dessa forma o presente artigo científico buscará realizar um estudo da ferramenta NPS, e sua utilização em um provedor de internet na cidade de Guanambi-Ba, a fim de responder ao seguinte questionamento: Quais decisões podem ser tomadas a partir dos resultados da ferramenta NPS?

Buscando assim destacar as ações tomadas a partir da aplicação da pesquisa NPS, e sua contribuição para satisfação dos clientes. O estudo delimitou-se ainda em enfatizar as medidas adotadas para a utilização da ferramenta NPS, identificar os principais feedbacks e insatisfações dos clientes, e apresentar as contribuições da ferramenta para a empresa. Como principais resultados percebe-se a influência da ferramenta NPS no processo de melhoria contínua, a partir de ações como o pós-venda e padronização de serviços.

Dessa forma, destaca-se a importância desse estudo para o âmbito acadêmico tendo em vista o conhecimento para a área de marketing, diante da necessidade de um bom relacionamento com cliente, e na busca da satisfação e fidelização para o sucesso das organizações. Demonstrando através da implementação e análise de uma ferramenta de pesquisa poderosa, prática, e aplicável em diversos níveis de organização.

FUNDAMENTAÇÃO TEÓRICA

Marketing e o relacionamento com o cliente

Compreender a evolução do conceito de marketing dentro das organizações é muito importante para as empresas que buscam destaque diante de seus concorrentes do mercado atual. Kotler (2000, p. 41) afirma que "para alcançar as metas organizacionais as empresas devem ser mais afetivas que a concorrência, na criação, entrega e comunicação de valor para seus clientes e mercado-alvo."

Diante desse contexto e buscando trazer uma definição, Dias (2003), explica que o marketing é uma palavra em inglês, que deriva do *market,* e tem o mercado como razão principal e foco de suas ações. Para Peter (2000, p. 4) "marketing é o processo de planejar e executar a definição do preço, promoção, distribuição de ideias, bens e serviços, com o intuito de criar trocas que atendam metas individuais e organizacionais.".

Com o passar dos anos o conceito de marketing veio mudando, pois os próprios consumidores tiveram suas necessidades e desejos alterados, bem como a própria dinâmica de mercado. Kotler (2010), explica que o marketing evoluiu passando por três fases o Marketing 1.0, 2.0, e 3.0. Na primeira fase dizia respeito a vender os produtos a todos que quisessem comprar, uma característica era fabricação em massa. Na segunda fase, surgiu a era da informação, no qual os profissionais de marketing deveriam produzir produtos melhores para públicos específicos, e hoje estamos vivenciando a terceira fase, o marketing 3.0, uma era voltada aos valores, em vez de tratar os clientes como consumidores, são tratados como seres humanos, "com mente, coração e espírito". São clientes que buscam não apenas a satisfação funcional, mas também espiritual nos produtos e serviços que escolhem.

E dessa forma, Kotler (2010), explica que empresas estão repensando seus conceitos e buscando um marketing de relacionamento com seus clientes, ou seja, a busca pela retenção, um valor agregado aos produtos e serviços e um relacionamento de longo prazo são algumas características.

Na abordagem do marketing de relacionamento, os clientes deixam de ser apenas números ou *market share* e passam a ser parte/integrante da organização. Seu conceito está ligado à ideia de "trazer o cliente" para dentro da organização, de maneira que ele participe do desenvolvimento de novos produtos/serviços e crie vínculos com a organização. Dessa forma, com o suporte da tecnologia de informação, é possível testar ideias de novos produtos/serviços diretamente com os clientes e em tempo real (SALLBY, 1997, p. 7).

Assim percebe-se que o foco do marketing de relacionamento é criar uma boa relação com cliente, pois uma das formas de fidelizá-los é construir uma relação sólida, que gere confiança e satisfaça das necessidades.

A SATISFAÇÃO DO CLIENTE

Para destacar a importância em manter os clientes satisfeitos, e adentrarmos em suas definições, Lovelock e Wright (2001) afirmam que, a satisfação é um ponto crítico em setores competitivos, clientes meramente satisfeitos podem ser mais atraídos pelos concorrentes, enquanto clientes completamente satisfeitos apresentam tendências em se manterem fiéis a marca, dentre os benefícios dessa fidelidade, está o fato de manter bons clientes, pois é mais lucrativo do que constantemente atrair novos clientes para substituírem os que saem.

Dentro do conceito de marketing, Kotler (2000, p. 58) define que a "satisfação consiste na sensação de prazer ou desapontamento resultante do desempenho percebido em relação às expectativas do comprador". Kotler (2000), ainda faz uma comparação entre desempenho e expectativas percebidas, afirmando que se o desempenho não alcança as expectativas, o cliente ficará insatisfeito, mas se alcança as expectativas o mesmo ficará satisfeito. E se o desempenho for além das expectativas o cliente ficará encantado, ou altamente satisfeito.

Dentre as demais vertentes que podem trazer uma definição de satisfação, destaca-se a teoria de Oliver (1980 - 1993) com a "desconfirmação das expectativas", segundo essa teoria a satisfação tem caráter relativo, ou seja, sua avaliação irá passar por um processo de comparação entre expectativas e percepções do produto ou serviço, em que se prevê três possíveis resultados para confirmação ou não confirmação da satisfação.

A confirmação, ocorre quando a percepção do desempenho atual do produto vai de encontro às expectativas geradas, o que segundo Woodruff *et al.* (1983) levando a um sentimento neutro.

A não confirmação positiva, ocorre quando a percepção do desempenho é melhor que as expectativas criadas, nesse caso resulta na satisfação. A não confirmação negativa, quando o desempenho é pior que as expectativas criadas, conduz a insatisfação. (OLIVER, 1980 *apud* SOUSA, 2011).

Assim, a satisfação do cliente será determinada pela comparação ou diferença entre as expectativas criadas do produto ou serviço, antes da compra, e as percepções de desempenho que o consumidor terá após a aquisição (OLIVER, 1980).

Em seguida, Oliver (1993) inclui os aspectos (positivo e negativo) à sua teoria, pois para ele as diversas experiências no dia a dia podem gerar diversos tipos de afetos que influenciam na satisfação quando o desempenho e expectativa é negativo. Nesse caso, o afeto acaba sendo um determinante para a satisfação. E os resultados são influenciados pela experiência efetiva e não mais pela avaliação cognitiva.

Grande parte das teorias que trazem uma definição de satisfação, são construídas sob a comparação entre as expectativas e percepções. Nessa ótica, o modelo depende do tipo de pessoas e características a serem medidos. Portanto, todas as possíveis combinações de elementos que compõem expectativa e desempenho podem ser avaliadas" (ZUCCO; MAGALHÃES; MORETTI, 2010, p. 336).

Dentre os elementos determinantes para satisfação do cliente, Tinoco e Ribeiro (2007), apresentam os principais modelos encontrados na literatura e destacados por diversos autores onde estruturam os modelos pesquisados, citando: A expectativa, desempenho percebido, desconfirmação de expectativas, qualidade percebida, valor percebido, preço, desejos, afetos/emoções, e imagem corporativa.

Assim, torna-se fundamental para as organizações a realização de pesquisas que compreendam o nível de satisfação de seus clientes, essas pesquisas abastecem os gestores para a melhor tomada de decisão, pois acreditam-se no cliente como centro dos negócios, estimulando as empresas desenvolverem métricas de pesquisa que dimensionem, anseios, desejos e o nível de satisfação dos clientes.

NET PROMOTER SCORE (NPS)

A net promoter score (NPS) é uma ferramenta de pesquisa que teve sua origem em "Harvard Business Review", ao final de 2003, inicialmente através de um artigo, mas posteriormente em 2006, acabou se tornando o livro: A pergunta definitiva. Em que tanto o livro quanto o artigo descreviam um método prático de classificação dos clientes com base em uma resposta única para a pergunta: "Numa escala de 0 a 10, qual é a probabilidade de você nos recomendar (ou recomendar este produto/serviço/marca) a um amigo ou colega?" (REICHHELD, 2011, p. 3).

Para Nascimento (2020), a proposta do NPS é mostrar aos gestores como os clientes se sentem com o produto ou serviço e o que propagaram a respeito dele. Reichheld (2011) afirma que, graças à simplicidade da escala, empresas podem mensurar com facilidade os sentimentos ou atitudes de seus clientes. E que de acordo com a nota, os clientes podem ser classificados e tratados de forma específica em três diferentes grupos: Promotores, Neutros e detratores.

Reichheld (2011), define cada um desses grupos da seguinte forma: Promotores: São aqueles que atribuíram a nota 9 ou 10, indicando um bom relacionamento com a empresa, dentre os comportamentos de um promotor o autor destaca um cliente leal, que compra com frequência e recomenda a marca ou produto sempre que possível.

Neutros: São os clientes que dão nota 7 ou 8, esse grupo de clientes segundo o autor, estão passivamente satisfeitos. Não são clientes fiéis, e quase não fazem indicações, ou fazem com certas ressalvas. Normalmente esse grupo agrega pouca energia à empresa, e podem ser atraídos com facilidade para concorrência, por isso não são considerados ativos da empresa.

Detratores: São os clientes que atribuem a nota 6 ou menos, esses clientes segundo o autor são aqueles insatisfeitos, que possuem pouco ou nenhum relacionamento com a empresa, e por estarem decepcionados sempre vão criticar a empresa para seus amigos e colegas. Empresas que se deparam com comportamentos detratores de seus clientes devem se desculpar pelo transtorno, investigar a causa dessa insatisfação e apresentar soluções.

O autor ainda explica que, se o objetivo é melhorar a vida dos clientes, essa categorização ajuda a medir o desempenho, tendo os promotores representando sucesso, os neutros estão apenas satisfeitos, enquanto os detratores representam fracasso, ou resultados negativos. Essa forma de categorização representa o primeiro passo, mas o maior objetivo era chegar em uma métrica descomplicada, capaz de medir o progresso da empresa e definir onde a empresa deveria concentrar seus esforços. Foi então decidido, subtrair a porcentagem de clientes detratores pela de clientes promotores, e o resultado é o Net promoter Score da empresa (REICHHELD, 2011). Como ilustrado no esquema abaixo, na figura 1.

Figura 1 - Classificação do NPS

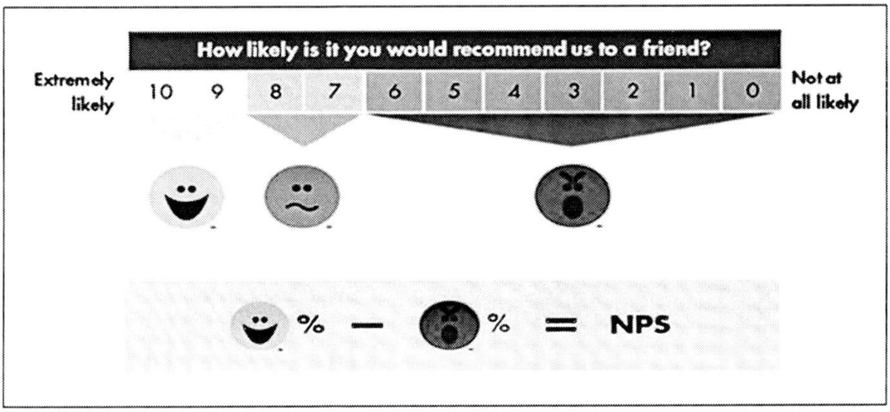

Fonte: Bain & Company (2016)

Os autores Lin e Wei (2020 *apud* NASCIMENTO, 2020), afirmam que a lealdade dos clientes é uma das fontes de rentabilidade e crescimento das empresas e associam isso a proliferação da ferramenta net promoter Score, graças a sua facilidade de entendimento, rapidez e confiabilidade de acesso de dados. Quanto ao efeito demonstração e popularidade do método, já é utilizado por grandes organizações como: Apple, Amazon e United.

Com isso, percebemos exemplos de grandes empresas que vem utilizando a ferramenta NPS para conduzir suas ações de relacionamento com os clientes, demostrando que a ferramenta é uma importante aliada para as empresas que buscam inovação e transformação com foco nos clientes.

Dentre as principais críticas à ferramenta, está a de ser considerado como único indicador, GadKari (2020), diz que existem limitações ao NPS para aplicação na indústria, pois não contempla totalmente as necessidades do setor, dessa forma precisa de alterações para que seja mais precisa. Para Zaki *et al.* (2016 *apud* NASCIMENTO, 2020, p. 8) "a lealdade do consumidor deve ser encarada como algo multidimensional, pois não pode ser medida apenas com um indicador, precisa de outras ferramentas que contemplem comportamento e atitudes das pessoas".

Mas por outro lado Reichheld (2011), destaca que nenhuma empresa deve esperar de fato um aumento em lucratividade, simplesmente com pesquisas, mas que o NPS, através da pergunta definitiva desenvolveu um sistema de gestão com base em três componentes.

Quanto a esses componentes, um se trata da categorização dos clientes por meio de uma pesquisa simples, promotores, neutros e detratores. Outro é a fácil compreensão da métrica de pesquisa. E o terceiro componente é essencial, "a visão do progresso e do sucesso nesses termos, motivando todos na organização a agir com o objetivo de gerar mais promotores e menos detratores" (REICHHELD, 2011, p. 8). Pois usar pontuações e *feedback* de forma sistêmica para criar melhorias, podem gerar bons resultados e alcançar a excelência dentro das organizações.

PROCEDIMENTOS METODOLÓGICOS

Este artigo utiliza uma abordagem qualitativa, para a resolução de um problema básico. Lakatos (2003, p. 155), define a pesquisa como um "procedimento formal, com método de pensamento reflexivo, que requer um tratamento científico e se constitui no caminho para conhecer a realidade ou descobrir verdades parciais.".

Quanto à classificação dos objetivos se enquadra no ramo de pesquisa exploratória, buscando uma familiaridade com o tema através de um levantamento bibliográfico, bem como uma análise documental da metodologia de pesquisa NPS utilizada pela empresa. Quanto aos procedimentos tem-se ainda como um estudo de caso, pois, Vergara (1998), define como uma investigação empírica no local onde ocorreu o fenômeno e pode incluir: entrevistas, questionários, testes e observação participante.

O estudo foi desenvolvido com base em dados de uma das ações de pesquisa NPS realizada pela empresa, a partir da classificação dos clientes em promotores, neutros e detratores, conforme determina a ferramenta. Em seguida, após a análise dos dados foi realizada uma entrevista com roteiro semiestruturado, com a coordenadora, conforme demostrado no apêndice 1. Buscando-se conhecer a ferramenta NPS utilizada pela empresa, desde a sua implementação, as ações adotadas, e os resultados encontrados. Lakatos (2003), destaca a importância da entrevista pois busca obter respostas válidas e pertinentes, exige do entrevistador habilidade e sensibilidade, dentre as vantagens da realização da entrevista o autor destaca a flexibilidade, a oportunidade de avaliar as atitudes, condutas, a possibilidade de conseguir informações mais precisas. Como limitações, pode haver a incompreensão, a possibilidade da influência, além da indisponibilidade de tempo para obter as informações.

A empresa que será aqui denominada de "ALFA", situa-se no ramo de serviços, como provedor de Internet, está no mercado há 28 anos, e tem como sede cidade de Guanambi-Bahia. Possui filiais em outras três cidades do interior da Bahia, (Bom Jesus da Lapa, Caetité e Pindaí) e conta com mais de 21 mil clientes e pouco mais de 120 colaboradores. Assim, a empresa ALFA implementou a ferramenta NPS se embasando em três elementos fundamentais: a categorização sistemática dos clientes de forma transparente e informatizada, a utilização de um ciclo fechado criando processos de melhoria, e o foco em criar cada vez mais promotores e menos detratores.

Dessa forma, a ALFA realiza cada ação de pesquisa dividindo seus clientes em grupos, de mil a três mil, e após a pesquisa e classificação, desenvolve um trabalho sistemático com todos que se enquadram como detratores, ou que sinalizaram feedbacks negativos à empresa. Buscando atender ou superar suas expectativas, a fim de gerar a satisfação, e tornando cada vez mais clientes promotores para a empresa.

Diante dos grupos documentados, foi utilizado no artigo a amostra denominada como: "De 0 a 3000", onde representa os três mil clientes mais antigos da empresa. A ação de pesquisa foi realizada pela empresa ALFA entre os dias 25/02/2022 a 08/03/2022. E a coleta desses dados e entrevista foi realizada na empresa entre os dias 10 a 21 de outubro de 2022. Sendo escolhido essa amostra, por representar um quantitativo maior de feedbacks, e diante da importância desse grupo de clientes pelo tempo de contrato com a empresa.

RESULTADOS E DISCUSSÃO

A proposta do NPS permite com que as empresas repensem a maneira de tratar seus clientes para aumentar a lealdade, usando essa experiência para transformar-se (REICHHELD, 2011).

Segundo a coordenadora, a empresa ALFA começou a utilizar a ferramenta NPS a pouco mais de dois anos. Embora houvesse um foco nos clientes, não utilizava nenhuma ferramenta de forma sistêmica, que pudesse mensurar a satisfação e desenvolver um relacionamento com seus clientes.

Na fase de implantação, a ALFA utilizava a plataforma *Tracksale*, onde realizava o disparo de perguntas através do e-mail de seus clientes. Após o insucesso no número de respostas, a empresa percebeu a necessidade de reavaliar sua abordagem, criando uma plataforma própria, que se adequasse melhor à realidade da empresa, com disparo de perguntas através do aplicativo de mensagem WhatsApp e via contato telefônico. Resultando assim, em uma amostra maior no quantitativo de respostas.

Após o insucesso no número de respostas, a empresa percebeu a necessidade de reavaliar sua abordagem, criando uma plataforma própria, que se adequasse melhor à realidade da empresa, com disparo de perguntas através do aplicativo de mensagem WhatsApp e via contato telefônico. Resultando assim, em uma amostra maior no quantitativo de respostas.

Como sugere Reichheld (2011, p. 3), a abordagem se baseia na pergunta principal: "Numa escala de 0 a 10, qual a probabilidade de você nos recomendar a um amigo ou colega?". Mas, por se tratar um de um sistema flexível e adaptável, permite com que as empresas realizem alterações nas perguntas, sendo elas fechadas ou abertas, a fim de gerar melhores resultados. O exemplo de pergunta utilizada pela empresa ALFA encontra-se no anexo 1.

Diante da necessidade de se trabalhar com ciclos fechados, a ALFA dividiu seus clientes em grupos de mil a três mil clientes para realização da pesquisa, classificando-os por plano contratado, por tempo de contrato, status de profissão do cliente, pela necessidade de utilização dos serviços, por CNPJ, dentre outras. A fim de organizar a gestão dos dados, e tomar decisões assertivas de acordo com a necessidade de cada grupo.

Com base na classificação em promotores, neutros e detratores, foi desenvolvido um conjunto de ações com os clientes. Os detratores possuem um tratamento individualizado e personalizado, a princípio é realizado um contato, e após filtrar suas dificuldades e insatisfações, é disponibilizado um suporte especializado, que realiza toda manutenção necessária, em seguida desenvolvem um acompanhado de pós-venda até que o cliente confirme a resolução de sua dificuldade. E esse ciclo se repete a cada cliente detrator.

Quanto aos clientes neutros são desenvolvidas ações apenas mediante comentários negativos. Já os promotores são classificados como ativos da empresa, aqueles que estão satisfeitos. Propagam de forma positiva e por isso são agentes do marketing boca a boca, pois, desenvolvem um trabalho primordial na recomendação e reputação da empresa.

A ação de pesquisa intitulada como: "De 0 a 3.000", indica os três mil clientes mais antigos da empresa. Dentro desse grupo foram filtrados 914 contatos válidos.

Diante dos 914 contatos foi obtida uma amostra com 476 entrevistados, dentre essas cerca de 378 respostas foram via contato telefônico, 98 respostas pela plataforma WhatsApp, e cerca de 438 contatos sem sucesso, que indica os clientes não responderam ao questionário por nenhum dos meios. Isso significa que a melhor alternativa para obtenção de dados e relacionamento com os clientes é através do contato via telefone.

As amostras foram analisadas em gráficos separadamente, dessa forma, obteve-se os seguintes resultados:

Gráfico 1 - Amostra de 98 clientes da pesquisa via WhatsApp

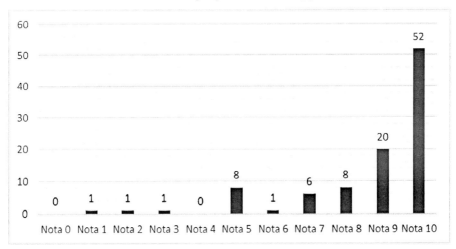

Fonte: dados da pesquisa (2022)

Percebe-se no Gráfico 1, que a maior parte dos clientes que responderam ao questionário via WhatsApp, atribuíram notas 9 e 10. Isso representa que 73% desses clientes, que são classificados como promotores. 14% são os clientes neutros, enquanto 12% são detratores, ou seja, os clientes que atribuíram notas 6 ou menos. De acordo com Reichheld (2011), esse grupo de clientes normalmente estão insatisfeitos, decepcionados e consternados com o tratamento recebido e criticam a empresa para seus amigos e colegas.

Durante a ação de pesquisa, foi exposto aos clientes a opção de atribuir um comentário que justificasse sua nota. A relação no quadro 1 abaixo, apresenta esses comentários transcritos de forma resumida, sendo em sua maioria, os clientes que atribuíram notas 9 e 10, sendo esses os mais satisfeitos. Isso vai de encontro a afirmação de Kotler (2000, p. 70) quando diz que, "95% dos clientes insatisfeitos não reclamam; muitos simplesmente deixam de comprar. A melhor coisa que uma empresa tem a fazer é facilitar o processo de reclamações".

Quadro 1 - Justificativa dos clientes

CLIENTE	OBSERVAÇÃO
Oliveira	Por que os trabalhos de vocês são ótimos.
Dourado	Às vezes fica um pouquinho lenta e às vezes falha.
Santos	Por que sempre que ligo sou atendida, e no momento está funcionando normalmente, consigo assistir filmes.
Cardoso / Martins	Muito bom o atendimento /atenção ao cliente, profissionalismo.
Viana	Gostaria de pegar os boletos anualmente.
Marques	Estou satisfeito com os serviços da ALFA.
Fernandes	Excelente atendimento, atende todas as necessidades.
Dornelas	Já tive problemas, mas foi enviado o suporte para resolver.
Nascimento	Dificilmente tenho problemas e quando tenho a empresa envia suporte para resolução.
Costa / Silva	Cumpre com o que promete/ Empresa maravilhosa.
Laranjeira / Lisboa	Atenção e responsabilidade/compromisso com o público.
Santos / Garcia	Organizada, cumpre o que promete/ Eficientes.
Costa / Carvalho	Bom atendimento/qualidade/indicaria a amigos e família/conceito de excelência.

Fonte: dados da pesquisa (2022)

Analisando os comentários após as notas atribuídas, percebe-se uma maior predominância em comentários positivos, como: um bom e excelente atendimento, compromisso com o cliente, organização e satisfação com os serviços. Mas, nota-se também comentários negativos com relação a necessidade de um serviço e a uma falha percebida, cabendo à empresa um tratamento especial com esses clientes, mantendo contato, buscando sanar as dificuldades, pois tais comentários podem influenciar na recomendação e reputação da empresa, por conta dessas experiências negativas.

Gráfico 2 - Amostra via telefone de 378 clientes

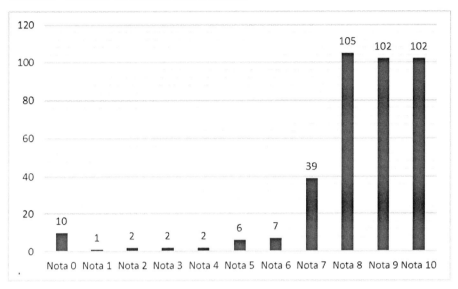

Fonte: dados da pesquisa (2022)

Com base nos dados do gráfico 2 acima, identificou-se que pouco mais de 54% dos clientes se enquadram no grupo de clientes promotores da empresa, mas também percebemos uma grande quantidade de clientes neutros cerca de 38%, onde requer também atenção da empresa com esse grupo, pois segundo Reichheld (2011), esses clientes não são considerados leais à empresa, agrega pouca energia e quase não fazem recomendações. Nesse sentido, o recomendado seria a melhoria nos serviços e processos para encantar o máximo possível desses clientes e transformá-los em promotores. Nesses dados apenas 6% dos clientes que se enquadram como detratores.

A partir do momento que o cliente sinaliza uma insatisfação, é levantada a seguinte questão: Qual foi o motivo da sua insatisfação com nossos serviços?

E dentre os principais motivos, obtemos os seguintes dados:

Gráfico 3 - Principal motivo da insatisfação

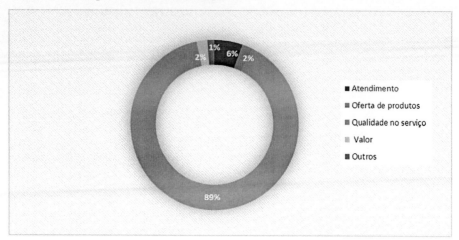

Fonte: dados da pesquisa (2022)

De acordo com o gráfico 3, a grande maioria dos clientes relacionam a sua insatisfação à qualidade do serviço, cerca de 89%, indicando que segundo a teoria de Oliver (1980), na desconfirmação das expectativas, que o desempenho desses serviços é pior que as expectativas criadas pelos clientes, resultando na insatisfação. Com efeito, oferece à empresa um caminho pelo qual se deve concentrar suas forças, melhorando o desempenho de seus serviços, ou avaliando as promessas de marketing e os seus concorrentes, pois são bases que fomentam as expectativas dos clientes.

São 6% dos clientes que relacionam a insatisfação ao atendimento recebido. O valor do serviço e a oferta de produtos e serviços é o que motiva a insatisfação de ambos, em 2% dos clientes.

Analisando os dados de modo geral, o gráfico 5 apresenta as duas amostras, sendo via telefone e na plataforma WhatsApp somadas, obtém-se os seguintes dados:

Gráfico 4 - Pesquisa de 0 a 3000 clientes

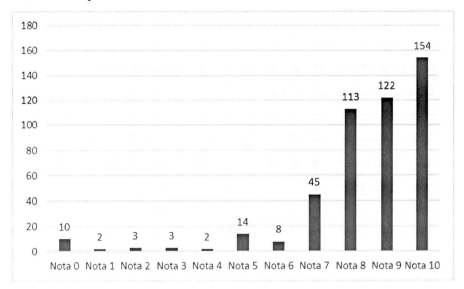

Fonte: dados da pesquisa (2022)

Tendo como primeiro passo para análise do NPS, a categorização dos grupos, percebe-se através do gráfico 5, que cerca 58% dos clientes são promotores da empresa, para Bain & Company (2016), esses clientes são responsáveis por mais de 80% das recomendações da empresa, além de elogiarem a empresa para seus amigos e colegas. Outros 33% dos clientes neutros, cabendo uma análise de custo e viabilidade para desenvolver ações que contemplem também esses clientes, por representar um quantitativo alto na amostra, e outros 9% são clientes detratores.

No cálculo de NPS, Reichheld (2011), sugere uma métrica fácil e rastreável, capaz de chegar a um resultado final concludente, semelhante ao patrimônio líquido ou lucro líquido da empresa. Decidiu-se então, subtrair a porcentagem de clientes promotores pela porcentagem de detratores, assim teremos o resultado *net promoter score*, conforme o quadro 2.

Quadro 2 - Cálculo NPS da empresa

Promotores	58%
Neutros	33%
Detratores	9%
NPS 58 - 9 = 49%	

Fonte: dados da pesquisa (2022)

Para Duarte (2021), após o cálculo de NPS a empresa poderá se encaixar em até 5 zonas, essas zonas determinam o quão bem a empresa está em relação ao nível de satisfação de seus clientes, de acordo com a nota calculada, conforme exemplificado no quadro 3 abaixo.

Quadro 3 - Zonas de classificação em satisfação dos clientes

ZONAS				
Crítica	Aperfeiçoamento	Qualidade	Excelência	Encantamento
-100 a 0	1 a 50	51 a 75	76 a 90	91 a 100

Fonte: Duarte (2021)

Para Duarte (2021), uma zona confortável para as empresas seria a partir de um NPS com nota 76, ou seja, em uma zona de excelência.

A empresa ALFA em sua amostra de 0 a 3000 mil clientes, está situada na zona de aperfeiçoamento com NPS de 49%, isso representa que a empresa precisa trabalhar os feedbacks de seus clientes e desenvolver ações na busca de atingir a princípio, a zona de qualidade. Almejando posteriormente a zona de excelência.

Dentre as principais contribuições do NPS para empresa ALFA, estão as ações de relacionamento com o cliente, para Gronroos (1993, p. 183) "na implementação de uma estratégia de serviços, uma abordagem do marketing de relacionamento e uma capacidade excelente de marketing interativo fazem-se essenciais.". Destaca-se com isso, uma atenção especial ao atendimento e pós-venda, tornando a ferramenta NPS uma porta de entrada para identificação de problemas.

Possibilitou também a criação de um banco de dados informatizado, para tratamento individualizado de seus clientes, moldando os próximos passos que a empresa deve seguir, de acordo com as necessidades apresentadas pelos clientes.

Cada feedback define um ponto de melhoria, que influência no tratamento com os demais clientes, isso ocorre através da criação de Procedimentos operacionais padrão (POP's), sendo essa, uma das principais ações internas adotadas, que padroniza e organiza o funcionamento da empresa, incorporando práticas onde se permite agir de forma rápida, consistente, mantendo o nível de qualidade e eliminando o retrabalho.

Quanto às propostas de melhoria, percebe-se pouco envolvimento dos demais setores da empresa, nas ações de NPS, que, querendo ou não, envolvem diversas áreas. Por isso, há necessidade de conhecimento e imersão de todos os colaboradores na proposta. Como explica Reichheld (2011, p. 11), "o NPS abrange todas as áreas da companhia, finanças operações, marketing, projeto de atributos, recursos humanos e tecnologia da informação, desde o CEO, até o pessoal de linha de frente.".

É muito importante ainda, que a empresa realize um trabalho de atualização dos contatos de cada cliente de forma regular, pois assim poderá ter uma alta taxa de respostas em suas pesquisas, produzindo resultados mais confiáveis.

E por fim nota-se a necessidade de uma continuidade de forma sistêmica e temporal da pesquisa net promoter score na empresa. Como anualmente, a fim de avaliar o desempenho das ações, acompanhar o desenvolvimento da empresa e o nível de satisfação de seus clientes.

CONSIDERAÇÕES FINAIS

A desenvolução deste trabalho científico permitiu compreender o quanto necessário é para as empresas concentrarem seus focos nos clientes, a importância em mensurar os níveis de satisfação e a adoção do marketing de relacionamento.

Permitiu através da ferramenta net promoter score (NPS), criar subsídios necessários para identificar insatisfação dos clientes e tomar atitudes eficazes para evolução da organização.

A ALFA, demonstrou criatividade e inovação ao implementar e adaptar a ferramenta com a realidade da empresa. Assim, conseguiu monitorar sistematicamente seus clientes, filtrando deles os feedbacks necessários para desenvolver cada vez mais clientes promotores e satisfeitos com os serviços da empresa. Destacando-se também como um diferencial competitivo, pois irá contribuir na retenção dos clientes e aumentar a probabilidade do marketing boca a boca.

A ferramenta NPS demonstra de forma geral o quanto é importante trabalhar os clientes já conquistados, e a partir deles não cometer as mesmas falhas com os novos clientes. Pois os ciclos de ações a partir da classificação em promotores, neutros e detratores, permite criar um processo de melhoria contínua, que em dado momento pode alcançar o encantamento ou satisfação total do cliente.

Ressalta-se ainda que os resultados alcançados no estudo dessa ferramenta na ALFA, não garante os mesmos resultados em demais empresas de atividade comercial ou industrial, pois se trata de um estudo especifico em uma empresa do setor de serviços de internet. Além disso o processo e utilização da ferramenta exige das empresas um trabalho sistemático e contínuo, pois do contrário a ferramenta se tornará obsoleta e não produzirá resultados esperados.

A ferramenta apresenta em suas limitações pouca abordagem na literatura, sendo identificado apenas dois livros que aprofundam sobre a temática NPS. Isso abre espaço para futuras pesquisas que desenvolvam teorias e investigações sobre a ferramenta *net promoter score.*

É perceptível que a pesquisa atingiu seus objetivos ao colocar em destaque as ações adotadas pela empresa, a partir da utilização da ferramenta. Identificando o nível de satisfação e motivos de insatisfação dos clientes, apresentando contribuições que despertou para a empresa um olhar clínico para tomadas de decisão por parte da gestão. Destacando ainda a importância ao marketing de relacionamento, o pós-venda, qualidade nos serviços, e o processo de melhoria contínua.

Portanto, conclui-se que a ferramenta NPS põe em evidência um universo de *insights*, que proporcionam uma macro visão de como uma empresa pode trabalhar o presente, na busca de um futuro promissor. Resultando em clientes satisfeitos e fidelizados que promovam sucesso para a organização.

REFERÊNCIAS

BAIN & COMPANY. **Net Promoter System.** Measuring Your Net Promoter Score, 2016. Disponível em: https://www.netpromotersystem.com/about/measuring-your-net-promoter-score/. Acesso em: 18 out. 2022.

DIAS, S. R. **Gestão de marketing**. São Paulo: Saraiva, 2003.

DUARTE, T. **Net promoter score: Entenda o que é o NPS e como implementar essa métrica em sua empresa! Track.co.** 2021. Disponível em: https://track.co/blog/net-promoter-score/. Acesso em: 24 out. 2022.

GADKARI, D. **Factors Influencing the Net Promoter Score (NPS):** A Case of Funnel. Uppsala, Suécia, 2018. Disponível em: http://www.diva-portal.org/smash/record.jsf?pid=diva2%3A1229265&dswid=2623. Acesso em: 21 set. 2022.

GRONROOS, C. **Marketing, gerenciamento e serviços:** a competição por serviços na hora da verdade, Rio de Janeiro: Campus, 1993.

KOTLER, P. **Administração de Marketing**. São Paulo: Prentice Hall, 2000.

KOTLER, P. **Marketing 3.0:** As forças que estão definindo o novo marketing centrado no ser humano. Rio de Janeiro: Elsevier, 2010.

LAKATOS, E. M.; MARCONI, M. de A. **Fundamentos de metodologia científica**. 5. ed. São Paulo: Atlas, 2003.

LOVELOCK, C.; WRIGHT, L. **Serviços: marketing e gestão**. São Paulo: Saraiva, 2001. p. 416.

NASCIMENTO, L. F. M.; SILVA, C. E.; CARDOSO, A. S. **Net Promoter Score:** Uma abordagem Crítica. Paraná: Enegep, 2020.

OLIVER, R. L. (1980). "A Cognitive Model of the Antecedents and Consequences of Satisfaction Decisions". **Journal of Marketing Research**, v. 17, n. 4, p. 460-469, 1980.

OLIVER, R. L. Cognitive, Affective, and Attribute Bases of the Satisfaction Response. **Journal of Consumer Research**, v. 20, p. 418-430, dec. 1993.

PETER, J. P. JR.; CHURCHILL, G. A. **Marketing, Criando valor para os clientes**. 2. ed. São Paulo: Saraiva, 2000. p. 626.

REICHHELD, F. F. **A Pergunta Definitiva 2.0:** Como as empresas que implementam o Net Promoter Score prosperam em um mundo voltado aos clientes. Rio de Janeiro: Elsevier, 2011.

SALLBY, P. E. **O marketing de relacionando:** o novo marketing da nova era competitiva. São Paulo: RAE, 1997.

SOUSA, F. da S. F. **Satisfação de clientes.** O caso de uma empresa industrial. (Dissertação de Mestrado) — Universidade de Coimbra, FEUC, 2011.

TINOCO, M. A. C.; RIBEIRO, J. L. D. Uma nova abordagem para a modelagem das relações dos clientes de serviços. **Produção**, v. 17, n. 3, p. 454-470, 2007. Disponível em: http://dx.doi.org/10.1590/S0103-65132007000300005. Acesso em: 26 set. 2022.

VERGARA, S. C. **Projetos e relatórios de pesquisa em administração.** 2. ed. São Paulo: Atlas S. A., 1998.

ZUCCO, F. D.; MAGALHÃES, M. R. A.; MORETTI, S. L. A. Análise do nível de satisfação dos participantes: evidências das últimas três edições da Oktoberfest em Blumenau (2006, 2007 e 2008). **Revista Turismo Visão e Ação**, [online], v. 12, n. 3, p. 331-347, set./dez. 2010.

SOBRE OS AUTORES

Adller Moreira Chaves é graduado em Administração, especialista em Design Thinking e Criatividade nas Organizações, mestre em Administração e doutorando em Administração. Atualmente, é professor da Universidade do Estado da Bahia, Campus XII em Guanambi-BA. Possui experiência em temáticas relacionadas à Administração Pública e Novas Tecnologias de Gestão. Membro pesquisador pertencente a Rede de Pesquisa em Administração Política.
Orcid: 0000-0002-2612-6192

Andressa de Sousa Santos Ferreira é graduada em Administração. Tem mestrado em Economia Regional e Políticas Públicas. Especialista em Educação Digital. Atualmente é professora auxiliar do curso de Administração da Universidade Estadual de Feira de Santana (UEFS). Na UNEB coordenou os projetos de extensão "Empresa Júnior de Administração EJ 21. Possui experiência em Administração com ênfase em negócios sociais, políticas públicas, desenvolvimento local e em temáticas relacionadas aos marcadores de raça e gênero aplicados ao empreendedorismo. Participa do grupo de pesquisa "Família, capital social e desenvolvimento sustentável" (UEFS).
Orcid: 0000-0002-4565-7562

Antônio Ribeiro Bomfim é graduado em Administração de Empresas; especialista em Meio Ambiente e Desenvolvimento; mestre em Ciências Ambientais e doutor em Difusão do Conhecimento. Possui experiência e conhecimentos teórico-práticos em diversas áreas da Administração, dentre as quais Cooperativismo, Empreendedorismo, Crescimento Econômico e Gestão de Projetos. Atualmente, é professor na Universidade do Estado da Bahia - UNEB, membro pesquisador do Grupo de Pesquisa Agricultura Comparada e Agricultura Familiar – UFBA e pesquisador líder do Grupo de Pesquisa Empreendedorismo, Gestão Empresarial e Ambiental - UNEB.
Orcid: 0000-0002-1583-5081

Cláudio Roberto Meira de Oliveira é graduado em Engenharia Agronômica; especialista em Educação Ambiental, mestre em Ciências, doutor em Botânica (Estresses Ambientais) e pós-doutor em Fruticultura de Clima Subtropical. Possui experiência em diferentes áreas, como Gestão e Educação Ambiental, Estresses Abióticos, Propagação de Plantas, Commodities (agrícolas e minerais) e Mercados de Capitais. Atualmente, é professor da Universidade do Estado da Bahia e do Instituto Federal de Educação, Ciência e Tecnologia Baiano na cidade de Guanambi. É líder do Grupo de Pesquisa do CNPq Empreendedorismo, Gestão Empresarial e Ambiental (EGEA).
Orcid: 0000-0002-3077-8353

Cristiano Silva Santos é graduado em Administração (UNEB), mestrando em Estudos Africanos, Povos Indígenas e Culturas Negras (PPGEAFIN - UNEB). Criador do projeto Live UNEB Adm/ LUA. Membro do Grupo de Pesquisa/CNPq em Administração e Desenvolvimento Territorial (GPADT).
Orcid: 0009-0005-0369-0128

Inamara Joice dos Santos é graduada em Administração pela Universidade do Estado da Bahia - DEDC- Departamento de Educação no Campus XII, Guanambi-BA. Tem experiência na área de Administração, com ênfase em pesquisa em Administração, atuando principalmente nos seguintes temas: empreendedorismo, empresarial, protagonismo empresarial com recorte de raça e gênero e Políticas Públicas de Crédito a Empresas.
Orcid: 0009-0008-4590-4122

Ivan Gonçalves Brito é técnico e graduado em Administração pela Universidade do Estado da Bahia - Campus XII, agente de Crédito da Camed Microcredito. Estudou Administração na Universidade do Estado da Bahia.
Orcid: 0009-0001-0007-5972

João Wilker Aparecido Guimarães da Silva é graduado em Administração e Pedagogia, mestre em Ensino, Linguagem e Sociedade, especialista em Gestão Ambiental e Docência Superior, é professor na UNEB em Guanambi - BA e artista visual.
Orcid: 0000-0001-6547-0247

Jane Kelly Nascimento Porto Guimarães é graduada em Administração. Mestranda em Finanças pela FUCAPE; MBA em Gestão Financeira, Controladoria e Auditoria; especialista em Gestão Hospitalar. Possui experiência em diferentes áreas, como gestão empresarial e financeira, consultoria financeira. Atualmente, é docente do curso de Administração da Universidade do Estado da Bahia - UNEB e coordenadora do projeto de extensão "Assessoria Financeira" e membro pesquisadora do Grupo de Pesquisa do CNPq Empreendedorismo, Gestão Empresarial e Ambiental (EGEA).
Orcid: 0009-0004-9049-0409

José Brilhante de Souza Neto é graduado em Matemática e Pedagogia. Especialista em Conteúdos e Metodologia de Ensino na área de Ciências Naturais e mestre em matemática pela Universidade Estadual do Sudoeste da Bahia. É professor da rede municipal da cidade de Brumado-Bahia, e professor substituto da Universidade Estadual da Bahia.
Orcid: 0000-0002-0574-7889

Jussimara de Cássia Leite de Souza é graduada em Ciências Contábeis. Tem MBA em Gestão Empresarial e MBA em Contabilidade. É mestranda em Contabilidade Tributária. Tem experiência em consultoria empresarial, planejamento financeiro, estratégico e contábil. Foi professora e coordenadora do curso de Ciências Contábeis da Faculdade Guanambi. Atualmente, é professora da Universidade do Estado da Bahia DEDC - Campus XII - Guanambi.
Orcid: 0009-0008-6196-6606

Lara Amorim Helfenstein é graduada em Administração de Empresas, possui MBA em finanças e controladoria, é mestre em Planejamento Territorial. Possui experiência em diferentes áreas, como Gestão pública e privada. Atualmente, é professora da Universidade do Estado da Bahia na cidade de Guanambi e pesquisadora do Grupo de Pesquisa do CNPq Empreendedorismo, Gestão Empresarial e Ambiental (EGEA).
Orcid: 0000-0002-4755-5076

Nathália Carey Pimentel da Silva tem formação geral pelo Instituto Anísio Teixeira e graduação em Administração pela Universidade do Estado da Bahia, Campus XII na cidade de Guanambi, BA.

Orcid: 0009-0004-4716-5360

Rogério Santos Marques é graduado em Administração de Empresas pela Universidade Estadual do Sudoeste da Bahia (2001); especialista em Administração Hospitalar e especialista em Saúde Pública; mestre em Ciências Ambientais e Saúde; e doutor em Engenharia Industrial. Atualmente, é professor da Universidade do Estado da Bahia. Possui experiencia na área de Administração de empresas, Gestão de Estoques, Logística, Cadeia de Suprimentos e em Administração Hospitalar e Saúde Pública. É Instrutor do Sebrae – BA e pesquisador do Grupo de Pesquisa Empreendedorismo, Gestão Empresarial e Ambiental - UNEB.

Orcid: 0000-0002-3422-4104